Wolfgang Bergmann
Ikarus 2000

Wolfgang Bergmann

IKARUS 2000

Warum das nächste Jahrhundert männlich wird

Kreuz

Die Deutsche Bibliothek – CIP-Einheitsaufnahme
Ein Titeldatensatz für diese Publikation ist bei
Der Deutschen Bibliothek erhältlich

1 2 3 4 5 04 03 02 01 00

Ein Unternehmen der Dornier Medienholding GmbH
Postfach 80 06 69, 70506 Stuttgart, Tel: 0711/78 80 30
Sie erreichen uns rund um die Uhr unter www.kreuzverlag.de
Umschlagbild: Martin Haake, London
Umschlaggestaltung: Atelier Reichert, Stuttgart
Satz: Rund ums Buch – Rudi Kern, Kirchheim/Teck
Druck und Bindung: Clausen & Bosse, Leck

Die Schreibweise entspricht den Regeln der neuen
Rechtschreibung.

ISBN 3 7831 1805 0

Inhalt

Erste Vorbemerkung

Wie dieses Buch gelesen werden möchte

Die Arbeit an diesem Buch begann, als ich gerade ein anderes abgeschlossen hatte. Es hieß »Computerkids«, forderte einigen Widerspruch unter Psychologen und Pädagogen heraus, provozierte Diskussionen und ist inzwischen fünf Jahre alt. Eben so lange arbeite ich also an diesem, jetzt vorliegenden Buch. Ich wusste es damals nur nicht.

Nach den »Computerkids« gab es zahlreiche Einladungen zu Symposien, Hochschultagen, Lehrer- und Psychologenverbänden und dergleichen mehr. Dabei wurde mir regelmäßig ein Vorwurf entgegengebracht, der mich anfangs kräftig empörte. Der Vorwurf lautete: Ihr Buch handelt gar nicht von »Kids«. Sondern von Jungen. Wo sind denn die Mädchen geblieben? Die kommen bei Ihnen ja gar nicht vor.

Kann nicht sein, sagte ich mir. Und statt in meinem eigenen Büchlein nachzulesen – und dann eben festzustellen, dass die Vorwürfe sehr wohl plausibel waren –, setzte ich mich heftig zur Wehr. Mädchen seien mehr indirekt gemeint ... das war, glaube ich, eine der Entschuldigungen, die ich damals allen Ernstes vorbrachte und an die ich mich heute nur schamhaft erinnere. Es gab noch einige mehr. Unnütz sie zu wiederholen.

Die Wahrheit ist: »Computerkids« handelte tatsächlich von Jungen und nicht von Mädchen. Das lag nun freilich nicht an meiner Fixierung auf das männliche Geschlecht, sondern am Thema selber.

Ich hatte die digitalen Medien, die Technologien, die heute unser Leben von Grund auf verändern, untersuchen und ihre Auswirkungen auf Kinder und Jugendliche darstellen wollen. Ich wollte es, wie es meine Art ist, beschreibend, erzählend tun. Mir lag nicht so sehr an Thesen als viel mehr an Stimmungsbildern, Porträts, psychologischen Detailanalysen.

Und die fand ich eben nur bei Jungen. *Diese* spielten die neuen Spiele mit jener Intensität, die einen Hinweis auf eine veränderte Vernunftkultur, eine andere Art der Welterfahrung gibt. *Sie* reisten durch das damals noch unvollkommenere weltweite »Web« und partizipierten an dem vernetzten universalen Wissen, von dem schon vor Jahren erkennbar wurde, dass es ins Übermenschliche, Unbegreifbare ausufern würde. Sie veränderten sich dabei. Es war nicht zu übersehen: Die Eindrucksmacht der digitalen Bilder und Klänge beeinflusste ihre Sozialität, ihre Tugenden, ihr Verhalten.

Was damals an dem zentralen kulturellen Phänomen veränderter Kindheit bereits klar wurde, war die Tatsache, dass die Entfaltung der neuen technologischen Medienkulturen im Wesentlichen eine Männersache war. Sie ist es bis heute geblieben.

Irgendwann, meine ich, muss man sich seinen eigenen Einsichten fügen (wenigstens den *eigenen*! selbst das fällt ja oft schon schwer genug). Als ich es endlich tat, war die Grundlage für dieses Buch gelegt.

Es kam noch etwas hinzu:

Ich gehöre zu der möglicherweise letzten Generation der Bücherliebhaber. So streune ich gern absichtslos durch die europäische Philosophie und Literatur. Nicht systematisch, nicht sehr ambitioniert. Einfach so, aus intellektuellem und ästhetischem Vergnügen. Neben Krimi-Lesen ist das meine Lieblingsfreizeitbeschäftigung. So, wie manche Leute Kreuzworträtsel lösen oder wie meine Kinder die Charts rauf und runter hören und ganz genau wissen, welche Musikmaschinen bei welchen Gruppen im Einsatz sind.

Trotz aller Absichtslosigkeit war es also auf Dauer gar nicht zu vermeiden, dass ich auf ein zweites Phänomen stieß. Nämlich die Ähnlichkeit der Motive, wie sie etwa bei Hegels Weltgeist und bei Marvin Minsky, einem der ersten Entwickler künstlicher Intelligenz, vorliegen. Ich will an dieser Stelle nicht darauf eingehen, werde es im Verlauf des Buches jedoch ausführlich tun. Je systematischer ich nun, neugierig geworden, diese Parallelen über fünf Jahrhunderte männlicher Geistesgeschichte hinweg verfolgte, desto unübersehbarer wurde, dass die Ideenwelt der Männer, die heute eine künstliche Intelligenz, künstliches Leben und letztlich eine universale Maschinenintelligenz zu entwickeln versuchen, ein getreues Spiegelbild der großen Motive der abendländischen Philosophen darstellt.

Kurz, ich kam zu einem doppelten Ergebnis. Erstens: Computerwelten sind männlich. Zweitens: Sie sind ihren Ideen und Idealen nach auf dem Fundus einer 500-jährigen abendländischen Geschichte des männlichen Geistes errichtet. Und: Der Vorrang des Männlichen lässt sich in unserer Alltagskultur hier und jetzt ebenso zeigen wie an den wirksamen Trends, aus denen sich die Zukunft in Wirtschaft, Bildung und Erziehung hochrechnen lässt.

Mir kommt es sehr auf die alltäglichen Details, die Wirklichkeit im Alltag an. Ich will deshalb weniger eine Bestandsaufnahme geben als viel mehr eine Summe von Eindrücken, von Erlebnisweisen der Gegenwart vorlegen. Je genauer und detailreicher wir dort nämlich hinsehen, desto mehr erhärtet sich meine Vermutung: Unsere Gesellschaft und Kultur befindet sich auf dem Weg in eine männlich dominierte Zukunft.

Noch zwei Anmerkungen.

Erstens: Ich verhehle nicht, dass dies das Buch eines Kinderpsychologen ist, und nicht das eines Gesellschaftstheoretikers oder Politikwissenschaftlers. Meine Beispiele kreisen immer wieder um ästhetisch-psychologische Phänomene und gehen oft auf Kinder und Jugendliche zurück. Allerdings, wo zeigt sich die Zukunft unmittelbarer als bei ihnen?

Und zweitens: Das modische Wort »Vernetzung« hat auch bei mir einen zentralen Stellenwert. Das gibt einen Hinweis darauf, wie dieses Buch gelesen werden sollte! Es ist nicht linear geordnet, sondern wie ein Musikstück. Ein Grundton, ein »Thema« (oder zwei) stehen am Anfang. Sie werden in verschiedenen Varianten, in immer neuen Klangfarben durchgespielt; die Klänge und die hoffentlich detailreichen Variationen ergeben erst das Ganze, nicht das, was thesenartig an den Anfang gestellt ist.

Für den Leser soll diese Bemerkung eine Einladung zum Stöbern, zum Hin- und Herblättern, zum ausschnitthaften Lesen sein. Zum bequemen Lesen auch. Zum kulinarischen. Er wird dabei auf vielerlei verschiedenartige Szenarien moderner Männerkultur und aktueller Zukunftsentwürfe stoßen. Dass beides, Männerkultur und Zukunft, auf ein und dasselbe hinausläuft, das ist meine These oder, bescheidener gesagt, mein Eindruck.

Mir geht es weniger darum, eine fixe These aufzustellen – »schaut mal, wie gut wir Männer drauf sind«! –, als vielmehr darum, Einsichten, die vielen unwillkommen sind, plausibel zu machen. Ich möchte eine Diskussion anstoßen, nicht ihr Ergebnis vorwegnehmen. Denn über die Frage, was Männlichkeit heute besonders für Jungen und junge Männer bedeutet, hat sich in den letzten zwanzig Jahren ein Mehltau des Denkverbotes gelegt. Vielleicht trägt dieses Buch dazu bei, ihn wenigstens teilweise wegzupusten.

Zweite Vorbemerkung

Warum Männlichkeit die Zukunft bestimmt

»Frauen kommen langsam, aber gewaltig.« Wer anderer Meinung ist, tut gut daran, den Mund zu halten. Er könnte sonst gewaltigen Ärger kriegen. »Den Frauen gehört die Zukunft.« Wer widerspricht, ist ein alter Spießer oder eben ein Macho, der nicht von seinen hausbackenen Vorurteilen ablassen kann.

Die öffentliche Meinung ist in diesem Punkt einhellig und ganz unerbittlich. Auf welcher Podiumsdiskussion oder Talkrunde, auf welchen Kongressen zur Sozio- und anderen -kulturen, in welchen Kneipen oder Wohngemeinschaften einer der beiden Slogans zitiert wird, er löst sogleich allseitiges Kopfnicken aus. Jawohl, so ist es! Ganz gewaltig kommen die Frauen. Jetzt und in Zukunft erst recht.

Dabei muss man nicht unbedingt ein scharfer Beobachter der gesellschaftlichen Verhältnisse sein, um zu erkennen, dass dies nicht zutrifft. Beide Slogans sind bestenfalls Absichtserklärungen mit schlechter Prognose. Trotzdem werden sie von vielen, auch vielen klugen Männern, eilfertig nachgeplappert. Dafür muss es, außer dem Hang zum Opportunismus, den wir alle miteinander teilen, gute Gründe geben. Die gibt es auch.

I.
Warum sagen alle: Frauen gehört die Zukunft, wenn es doch gar nicht stimmt?
Der erste Grund

In den vergangenen zwanzig, dreißig Jahren hat sich im Selbstverständnis der Frauen und im Verhältnis der Geschlechter bekanntlich vieles geändert. Die relative Befreiung der Frau aus männlich-familiärer Bevormundung, die Ablösung einer auf Familie und Kinder eingeengten weiblichen Lebensperspektive ist weitgehend gelungen. Sie war ein Stück versäumter, nun endlich nachgeholter Aufklärung. Nicht zuletzt aus wirtschaftlich-gesellschaftlichen Notwendigkeiten haben sich in der zweiten Hälfte dieses Jahrhunderts neues Selbstbewusstsein und erweiterte Lebensperpektiven der Frauen durchgesetzt, die von den Männern in der Mehrheit akzeptiert werden. Diese Entwicklung ist unumkehrbar.

Nun ist es so, dass die Frauenbewegung die bisher letzte Emanzipationsbewegung war, der wenigstens ein relativer Erfolg beschieden war. Danach geschah nichts annähernd Vergleichbares mehr. Dies ist *ein* Grund für die allseitige Zustimmung. Manch einer möchte sich den Erfolg einer Emanzipationsbewegung, die ganz in der Tradition des aufklärerischen Denkens stand, nicht verderben lassen. Er beharrt darauf: Das gilt immer noch. Heute wie vor zwanzig, dreißig Jahren! *Diese Erfolgsgeschichte, auf die Zukunft hochgerechnet, suggeriert eine Kontinuität der abendländischen Geschichte*, die es jedoch nicht geben wird.

Frauen gehört die Zukunft – das ist wie eine Beschwörungsformel. Sie lautet ungefähr so: Die Geschichte, jedenfalls die unserer europäisch-abendländischen Kultur, wird sich in der aufklärerischen Tradition weiter entfalten. An unseren grundlegenden Orientierungen und Überzeugungen gibt es dementsprechend nichts zu deuteln und nichts zu ändern. Dauer und Präsenz der Frauenbewegungen sind ein lebendiger Beweis dafür. Wer so denkt oder dies hoffend prognostiziert, hat die Unverlässlichkeiten der Zukunft ein wenig entschärft.

II.
Das Bild bestimmt das Bewusstsein.
Der zweite Grund

Es gibt einen zweiten Grund für die verbreitete Überzeugung, in unserer Kultur und Gesellschaft habe sozusagen »die Stunde der Frauen« geschlagen. *Die Präsenz der Frauen in der Öffentlichkeit ist eine Medienpräsenz.* Die Vorstellung, das Weibliche präge das Erscheinungsbild unserer Kultur, hat ganz einfach damit zu tun, dass Frauen in der Werbung, in TV-Romanen oder in der Präsentation von Fernsehmagazinen weitaus häufiger und wirksamer eingesetzt werden als männliche Moderatoren oder Darsteller; sie sind medienattraktiver. Besonders für die privaten TV-Sender, denen es um die Herstellung eines positiven Umfeldes für ihre Werbekunden geht, sind Schönheit und Anziehungskraft ganz zentrale Faktoren, wenn in den Mediaplanungen Kosten und Nutzen hochgerechnet werden. Die Bedeutung der medialen Marktstrategien für die Prägung des öffentlichen Bewusstseins sind nicht zu überschätzen.

In einer bilddominierten Freizeit- und Werbekultur herrscht Attraktivitätszwang, und die Frauen kommen ihm nach. Solche Attraktivitätsbilder sind Konventionen, die teils mit der Kulturgeschichte der Geschlechter, teils mit der neuen Technologie der Medien zu tun haben – wir kommen darauf zurück. Das berührt nicht nur das Fernsehen, sondern, von ihm ausgehend, die Verbilderung unserer wichtigsten Lebensthemen insgesamt. Ob Eros oder Tod, Sex und/oder Gewalt, Liebe und Leiden – Frauen verkörpern sie entlang einer Medienästhetik artifizieller und wirkungsmächtiger. Wir laufen den Inhalten und Formen dieser Ästhetik mit unseren Sinnen und Gefühlen hinterher.

Mit einer realen gesellschaftlichen Bedeutung im Sinn von Macht und Einfluss hat das selbstverständlich gar nichts zu tun. Um es anschaulich zu formulieren: Die Texte, die in der Moderation von Focus- oder Spiegel-TV, in den Hauptrollen von »Tödliches Frühstück« oder anderen SAT 1- und RTL-Eigenproduktionen aufgesagt werden, sind wieder von Männern verfasst. Denn die Produzenten sind Männer, die Werbetreibenden (zahlende Kunden der Medienwelt) auch. Die Modemacher, die Film- und Musikproduzenten, erst recht die Finanziers, die hinter ihnen stehen und das Sagen haben: alles Männer.

Macht und Geist haben sich in unserer Mediengesellschaft aus dem öffentlichen Erscheinungsbild zurückgezogen. Übrig bleibt ein schöner Schein. Die Vorstellung, das Weibliche präge unsere Lebenskultur heute und in der Zukunft noch mehr, folgt eben diesem Schein.

Männer fallen auf dem Markt der öffentlichen Bilder gar nicht richtig ins Gewicht. Medial sind sie kaum zu gebrauchen. Abgesehen von einigen Schönlingen in Cool Water-Spots, die keiner ernst nimmt, einigen Politikern, die unattraktiv wirken und die ebenfalls keiner ernst nimmt, weil ihnen die Einflusslosigkeit ins Gesicht geschrieben steht, und gelegentlich einem Banker, der vor die Kameras tritt und finanztechnische Zusammenhänge auf eine Art erklärt, die kein Mensch versteht (und der aus eben diesem Grund zwar ernst genommen, aber nicht gern gesehen und gehört wird), abgesehen von diesen televisionären Randphänomenen sind Männer nach wie vor für das Funktionale und Abstrakte in unserer Kultur und Gesellschaft zuständig. Unsere Wahrnehmungen aber sind bildgierig geworden.

Was nicht Bild ist, attraktives Bild, wird nicht recht zur Kenntnis genommen. Natürlich weiß man, dass auf den internationalen Finanzmärkten, in den Banken und Vorstandsetagen der globalen Konzerne Männer herrschen und

Frauen weder im Kommen noch gewaltig sind. Natürlich weiß »man« das, aber man will es gar nicht wissen. Es macht keinen Spaß. Macht keinen Eindruck. Sondern ist eben nur eine abstrakte Aussage.

Macht ist *Funktion*, man kann sie nicht sehen. Sie wird in einer bürgerlich-demokratischen Gesellschaft überdies nur auf einem miserablen Niveau re-präsentiert. Deshalb spielt der Schein, die »Performance«, eine so zentrale Rolle in unseren Vorstellungen von dem, was gesellschaftlich wichtig, was »an der Zeit« ist. Die Realität freilich spiegelt er nicht.

Die beiden genannten Gründe passen ganz gut zusammen: Wer den Vorrang des Weiblichen prognostiziert, weiß sich moralisch *und* ästhetisch auf der richtigen Seite. Er zeigt sich als Vertreter aufklärerischer Emanzipationsgedanken *und* gibt zugleich seinem (Augen-)Gefühl recht.

So haben die Frauen zurzeit eine gewisse politische Korrektheit auf ihrer Seite und zugleich – was viel wichtiger ist – den schönen Schein, den die Medien ins Haus tragen. Zwei gewaltige Verbündete. Männer haben dem wenig entgegenzusetzen. Und wie es nun einmal so ist in einer Erfolgs- und Konkurrenzgesellschaft (aber ist das nicht eher ein männlicher Topos?), braucht der Unterlegene für den Spott nicht zu sorgen. Kaum ein Werbespot, der sich nicht über die Dämlichkeit der Männer lustig macht. Lauter Trottel! Einer versucht einen Nagel in die Wand zu hämmern und bringt gleich seinen Nachbarn um, der andere grummelt auf dem Beifahrersitz, während die Frau strahlend die Vorzüge des neuen Golf genießt, ein anderer hockt blöd vor dem Computer und findet sich im Internet nicht zurecht – bis, nun in diesem Fall nicht eine Frau, sondern ein virtuell-geschlechtsloses Wesen ihm mitteilt, wie es in der modernen Welt so läuft. Wer sozial erscheinen will und sich auf seine Moral etwas zugute hält, als aufgeklärt und vorurteilsfrei gelten möchte *und sich im Übrigen auf Seiten des Zeitgeistes prinzipiell wohl fühlt*, tut gut daran, in diesen Chor einzustimmen.

III. Die Geschichte ist eine Geschichte der Männer. Sie macht uns Angst. Der dritte Grund

Und noch einen dritten Grund gibt es für den allseitigen Jubelruf: Frauen gehört die Zukunft. Es ist das Pfeifen des Ängstlichen im dunklen Wald. Die elementaren Veränderungen in Politik und Wissenschaft kamen drei Jahrtausende lang von den Männern. Zuletzt waren es vorwiegend furchtbare Veränderungen, tödliche Entdeckungen. Von der Atomforschung, die in der Hiroshima-Bombe und zwanzig Jahren panischer Weltangst vor einem universalen Krieg ihre Fortsetzung fand, bis zur massiven Ausbreitung der Industriekultur, die ein Drittel der Erde in die Armut trieb und die natürlichen Grundlagen des Lebens zu vernichten droht – alles Männererfindungen, Männermacht und Männervernunft. Angesichts der verbreiteten, diffusen Zukunftsängste, die in der Unkontrollierbarkeit der wissenschaftlichen, militärischen und wirtschaftlichen Entwicklungen begründet liegen, wirkt die Hinwendung zu einem freundlichen Medienbild des Weiblichen wie eine Entlastung. Schönheit versöhnt und tröstet, *sie ängstigt nicht*. Nie hatten Frauen in ihrem öffentlichen Auftreten innerhalb und außerhalb der Medien so viele Gelegenheiten, »schön« oder wenigstens attraktiv zu erscheinen wie heute. Unbewusst wird »das Weibliche« wohl als ein beschwichtigender, angstmindernder Gegenpart zur vermeintlichen oder tatsächlichen Kälte der männlichen Kultur angesehen. Und gibt der Augenschein, angesichts der Kriegsbilder aus Serbien und Tschetschenien, Kongo und Timor, die täglich auf dem Bildschirm Männer im Vernichtungsgeschäft zeigen, solchen Gefühlen nicht recht? Eine »weibliche« Zukunft erscheint als eine weniger bedrohliche.

Nicht nur die Vergangenheit ängstigt. Gegenwart und die Szenarien der Zukunft tun es auch. Wir wissen, dass wir in eine Informationskultur, eine Wissensgesellschaft einlaufen. Wir wissen nur noch nicht recht, wie diese aussehen wird. Wir haben uns tagtäglich von zahllosen Werbeseiten und -spots, Politikern und Politikforschern, Kaufleuten und Wirtschaftsprognostikern sagen lassen, dass wir uns auf dem direkten Weg in eine mediale Weltgesellschaft befinden, beziehungsweise bereits in ihr angekommen sind. Auch darunter können wir uns nicht sehr viel Konkretes vorstellen. Wir glauben bereitwillig jedes Wort, das uns da gesagt wird, verstehen aber immer nur die Hälfte, oder besser: verstehen alles nur sehr ungenau. Wir leben, so scheint es, bereits in einer veränderten Realität und kennen sie noch gar nicht. Wir sind in einen technologisch-medialen Horizont eingespannt, den wir mit unseren Sinnen nicht wahrnehmen und mit unserer gelernten, traditionellen Vernunft nicht begreifen können.

Virtualität, weltweite Vernetzung, künstliche Intelligenz, künstliches Leben – abgesehen von einigen Assoziationen, die sich sofort einstellen und einen bestenfalls klischeehaften Eindruck hinterlassen, müssen wir zugeben: Wir haben keine Ahnung, worum es hier eigentlich geht. Klingt da dieses »Frauen sind Zukunft« nicht wie eine kleine Tröstung? Klingeln da nicht Assoziationen in unserem Bewussten und Unbewussten, die uns gleich befreit aufatmen lassen? Schönheit und Mütterlichkeit statt kalter unsichtbarer Technik. Wir assoziieren bei den Worten und Bildern von Weiblichkeit eben immer noch Wärme und Körperlichkeit – wer möchte die schon gegen weltweite Kommunikationsdrähte oder den virtuellen Raum eintauschen?

Aber dass solche heimeligen Träume an der Realität zerbrechen, das wissen wir genauso gut. Diese Idylle ist nicht von Dauer. Was auf uns zukommt, hat einen ganz anderen Charakter. In der Wirklichkeit ist längst ein anderer Ton angeschlagen worden, und wir verharren noch, lauschen, fürchten uns ein wenig und möchten am liebsten zurück ins Vertraute, Alte. Zurück zur Naturverbundenheit. Zur Körpernähe. Zum menschlichen Gespräch am Kaffeetisch, Klatsch und Tratsch. Klingt das nicht alles eher »weiblich«? Angst bedient immer rückwärtsgewendete Phantasien.

IV.
Feminismus war nur ein Zwischenspiel. Aber die Männerkultur kann auch nicht bleiben, wie sie war. Sie braucht eine »Transformation«.

Ich werde auf den folgenden Seiten eine dem Zeitgeist entgegengesetzte These formulieren. Sie lautet: Der Aufschwung des Femininen war in unserer Kultur ein kurzes, notwendiges Zwischenspiel. Es ist schon wieder am Ende. Es war notwendig, um der Kulturgeschichte der Männer aus einer Sackgasse herauszuhelfen, in die sie sich im bürgerlich-aufklärerischen Zeitalter hinein manövriert hatte.

Im Gefolge der Aufklärung und der technischen Umwälzungen bis hin zur industriellen Produktion war ein Charakter von Männlichkeit herausgebildet worden, der nicht überlebensfähig war: Der Mann im Körperpanzer, der Mann als Arbeiter und Soldat, diszipliniert, vernünftig und geistfern. Der Mann als kümmerlicher Patriarch in der Familie, der in der sozialen Wirklichkeit nichts zu bestellen hatte und diensteifrig seine Verfügbarkeit für die Märkte und Schlachtfelder zu erkennen gab. Die männliche Autorität, die nur leere Anpasssung erzwang und den Respekt, den sie forderte, nicht verdiente. Dies alles ist Männlichkeit bis in unsere Tage hinein. Sie muss umgewendet werden.

Und genau dies geschieht auch.

Die technische Revolution der Gegenwart und Zukunft begann damit, dass sich mithilfe der digitalen Apparate die Technik von ihren mechanisch-materiellen Bedingungen löste und in ein elektronisches Zeitalter eintrat. Seither wird in den Labors der Mathematiker und Physiker, in den Ateliers der Künstler, in den Büroetagen der Wirtschaft an einer neuen Kultur gearbeitet. Wir sind Zeugen und Zeitgenossen davon, wie sehr unsere Lebenskultur angesichts der neuen Kommunikationsapparate und der Computer in Bewegung geraten ist. Wir existieren in einer Zeitenwende. Und dazu lautet meine zweite These, ergänzend zur ersten: Der Feminismus leitete, wie eine Art »Geburtshelfer«, die notwendige Transformation der Männerkultur ein. Dazu Genaueres im zweiten Kapitel. »Transformation« heißt aber auch, dass wir in unserer Zukunftsentwicklung an eine durchgängige Geschichte der Männer gebunden bleiben. Sie wird variiert, in ihren Grundzügen aber fortgesetzt. Das, was war, bleibt und ändert nur seine Gestalt. Das, was sein wird, hat sich in einer dreitausendjährigen Männerkultur angekündigt.

V.
Zwei Denkbilder zur neuen Männerkultur. Ikarus und Narziss

Von Plato bis Hegel, von Pythagoras bis Konrad Zuse war dies Antrieb des männlichen Geistes und der männlichen Spiritualität: Männer wollten im Weltlauf sich selber erkennen und bespiegeln, sich und ihr Geschlecht in Macht verklären, immer unzufrieden mit dem Wirklichen und auf der Suche nach dem reinen Ideal. Weg von der Schwere des Materiellen im Flug der Ideen, und mithilfe der Maschinen und der Medien, der Schriftstücke, der Bücher, der Computer. So wollten alle Männer immer hoch hinaus und heraus aus dem Alltag, weg von der nörglerischen Mühsal, die eine Xanthippe auf sich nahm.

Ikarus war der radikalste. Er vor allem war es, der keine Rück-Sicht kannte und über alles hinaus strebte, was Ratio und Vernunft ausmachte. Gefühle beachtete er schon gar nicht, bis auf ein einziges: Frei sein. Mit den Mitteln der Technik floh er aus dem minothaurischen Labyrinth (dieser verworrenen Realitätsschwere) und wollte dann selbst über die Bindung an die Technik und die Geräte noch hinaus. Den Bau der Flügel, die Konstruktion des Gleichgewichts, die Berechnung der Luftströmungen und Flugbahnen, das und alles, was am freien Flug noch Physis ist, was Planung und Reflexion verlangt, wollte er hinter sich lassen, um schließlich dorthin zu gelangen, wo es gar kein Denken und kein »bewusstes« Sein mehr gibt, kein Subjekt und kein Objekt, kein »Ich« des Fliegers mehr, sondern nur noch den freien Flug selber. Und ganz zuletzt auch ihn nicht, sondern einzig die Sonne, Urelement des Lichts, in das er eintaucht: reines durchscheinendes Da-Sein.

Dieser Männertraum – eine Vision, würde man heute sagen – ist zwei- oder dreitausend Jahre alt, vielleicht viel älter. Er liegt uns in zahllosen Varianten der Mystik und der Philosophie vor, ich werde im folgenden Kapitel darauf eingehen. Und er ist jetzt, zur Wende dieses Jahrhunderts und Jahrtausends, mit den Apparaten, die das Reale durch Simulation ersetzen, die unsere Sinne perfektionieren und die Menschen und die Dinge auf neue Weise in Erscheinung treten lassen, in eine radikale Stufe seiner Verwirklichung eingetreten.

Der antike Ikarus erlebte einen furchtbaren Absturz, während die Stimme des Vaters, die Stimme der Vernunft, hinter ihm verklang. *Der moderne Ikarus* muss nicht abstürzen. Sein Flug endet nicht in der zerstörerischen Sonne, sondern in einer von Menschen geschaffenen Form des Lichts, im computerisierten Simulakrum. Und dennoch unterliegt er einer mächtigen Gefährdung.

Diese lässt sich beispielhaft an einem zweiten antiken Mythos darstellen. Dem *Narziss*. Er ist ebenfalls ein Gescheiterter. Auf seiner Suche nach der eigenen Vollkommenheit verfällt er, wie es in Ovids »Metamorphosen« heißt, einer »Neuheit des Wahnsinns«.

Woran scheitert Narziss? Die Vollkommenheit des schönen Scheins ist ihm gelungen, bezaubert vom eigenen Bild betrachtet er sich verzückt im »ungetrübten« Wasser. Aber dabei ist ihm die Welt verloren gegangen. Er findet kein Gegenüber, kein Anderes, letztlich keine Kommunikation und damit keinen Sinn mehr in diesem unaufhörlichen Starren auf sich selber, auf das Perfekte. Narziss ist einsam. Das vollkommene Bild seiner selbst zerfließt ihm ins Nichts. Seine Welt ist leer.

Das ist die andere Seite des Männlichkeitsstrebens nach einer anderen, von der Natur und allen materiellen Bedingtheiten befreiten Welt, in der nur noch der männliche Traum und der männliche Geist herrschen. Ikarus und Narziss sind in gewissem Sinn zeitgenössische Allegorien. Sie zeigen die Mächtigkeit und die Gefährdung der Männerkultur, die vom antiken Mythos bis zur universalen Denkmaschine reicht.

VI.
Abstraktion und Universalität: die beiden Konstanten der männlichen Kultur. Sie bestimmen die Zukunft.

Die männliche Geistes- und Machtgeschichte endete im 20. Jahrhundert in zwei kriegerischen Katastrophen. Im Rahmen der elektronischen Medientechnologien, der Computer, der telegrafischen Vernetzungen, der künstlichen Intelligenzen im Cyberspace und in der Robotik rappelt sich die Männerkultur wieder auf. Von den kriegerischen Katastrophen erschrocken und gedemütigt, hatte sie sich in der Mitte dieses Jahrhunderts in ein bequemes Spießertum geflüchtet, in dem das alte Denken auf kleiner Flamme fortwaberte und der Sinn und der Mut für das Neue fehlten. Eine zwei Jahrzehnte währende Zwischen- und Erholungsphase setzte ein, die zugleich die Hochzeit des Feminismus und der feministischen Ideologien war (die den Spießerträumen allerdings verzweifelt ähnelten). Das war in den 50er und 60er Jahren.

Seither tritt der »Uomo Universale«, der universale Mann der Renaissance, von den digitalen Techniken gestützt, wieder auf. Anfangs noch vorsichtig, zögernd, sozusagen im Schoß der Jugend- und Frauenrevolten, dann immer herrischer, besitzergreifender. In Instituten, Firmen und Militär beginnen männliche Forscher die menschliche Intelligenz zu simulieren und Apparate zu bauen, die irgendwann, so sagen sie und sind ihrer Sache sicher, die menschliche Intelligenz überrunden werden. Vor dieser Maschinenintelligenz, sagen sie, werden wir irgendwann einmal staunend oder gläubig stehen. Der abstrakt-technische Geist tritt in die gesellschaftliche Realität ein und ordnet sie sich unter. Nichts anderes, wie gesagt, war der Traum der antiken Philosophie ebenso wie des deutschen Idealismus und Klassizismus im 18. und 19. Jahrhundert. (Vgl. dazu ausführlich Kapitel 5.) Er ist jetzt wahrscheinlich geworden.

Abstraktion und Macht, Universalität des Geistes und der Tat – das sind die Männervisionen der europäischen und amerikanischen Geschichte. Die digitalen Techniken holen sie in die Geschichte hinein. *Das ist die Zukunft*, in direkter Weiterführung der männlichen Geschichte.

Und die Rechte der Frauen? Die werden nicht angetastet, natürlich nicht. Niemand will das Feminine wieder unterdrücken, wie es das Patriarchat aus Furcht vor sich selber tat. Niemand hätte die Macht und die Gelegenheit dazu. Aber das ändert nichts daran, dass angesichts der Perfektionierung der Technologien durch den männlichen Geist, der sich dabei auf eine große, ambivalente Tradition stützt, das Lebensgefühl der Frauen zu einem Randphänomen wird. Schöner Schein, wie gesagt. Tröstliches Residuum.

In Frauenmagazinen wird gern und ausführlich über die Herstellung menschlicher Nähe, richtiger Kommunikation, vertiefter Bindung geschrieben: seitenlang, eingerahmt von

Mode und Kosmetik. Erzeugung von Schönheit, vorn und hinten. Ruhezonen, die in den brisanten Entwicklungen und dem Kältehauch der Technik, die uns am Ende dieses Jahrhunderts entgegenströmt, dringend benötigt werden.

Das schöne Bild auf dem TV-Schirm, im Cyberspace, in den digitalisierten Magazinen und anderswo – warum sollte es nicht auch in Zukunft weiblich sein? Nur: Der Programmierer dieses Bildes, der digitale Bearbeiter, der Post-Productioner und was sonst zur Schönheit 2000 gehört, wird aller Wahrscheinlichkeit nach entweder ein Mann oder ein von Männern geschaffener Roboter sein.

1. Kapitel

Zur Psychologie des modernen Mannes

Der Flug des Ikarus und die Ängste, die ihn begleiten

Im Jahr 1998 legte die Unesco eine Studie vor, an der Wissenschaftler aus 14 Ländern beteiligt waren. Sie untersuchten in den beteiligten Ländern den Entwicklungsstand der digitalen Medien und gingen der Frage nach, wie dieser sich auf Familien, Bildungssysteme und insgesamt die Verfassung der Menschen auswirkt. Ich will die vielen interessanten Details, die die Studie – die repräsentativste ihrer Art – auflistet, hier nicht im Einzelnen referieren. Ich will nur ein Ergebnis unterstreichen, das in unserem Zusammenhang von Interesse ist:

In allen Ländern, in denen die technische Versorgung mit digitalen Medien umfassend ist, findet sich, im Verhältnis zu traditionsgebundenen Gesellschaften, eine prägnante Verschiebung in der seelischen Verfassung der jüngeren Menschen. Sie lässt sich so umschreiben: In den von digitalen Medien geprägten Gesellschaften suchen Jugendliche, junge Erwachsene auf intensive Weise in ihrer Freizeit den »thrill«. Sie sind unermüdlich auf der Suche nach einer Grenzen aufbrechenden Art von Zerstreuung und einem Lustempfinden, das intensiv Risiken und Angstlust stimuliert. Grenzen überschreiten, innere und äußere Grenzen!

In diesen Ländern wird offenkundig durch die Erlebnisästhetik der digitalen Medien ein charakterlicher Typus gefördert, der in der Psychologie und insbesondere der Tiefenpsychologie – der Psychoanalyse – gut bekannt ist. Dort wird dieser Typus als »narzisstischer« bezeichnet. Nun umfasst Narzissmus eine ganze Summe von Verhaltensweisen und Verhaltensstörungen. Sie treten bei Frauen und Männern in gleichem Maße auf, freilich in unterschiedlicher Art und Weise. Die charakterlichen Eigenschaften und Einstellungen, von denen hier die Rede ist, sind männlicher Art. Alle Grenzen hinter sich lassen und eine Weite, die unbekannt vor ihnen liegt, aufsuchen – das ist eine Eigenart des männlichen Narziss. Den »thrill« auf abenteuernde Weise in so genannten Extrem-Sportarten, in außerordentlichen Erfahrungen körperlicher oder seelischer Art, manchmal bis zur Todesnähe, aufzusuchen, das ist der statistischen Häufigkeit ebenso wie einer allgemeinen kulturellen Tradition nach »männlich«. Dass dieser »thrill« zunehmend in den Simulationswelten von Apparaten gesucht wird, dass also die Identifikation mit der Maschine im Vordergrund steht und die besondere Fähigkeit, sich im Innern der Maschine hochfunktional zu bewegen, die Maschine zu steuern oder ihr reibungslos zu dienen – das ist ebenfalls »männlich«. So verwunderlich ist es also nicht, dass viel mehr Jungen und Männer als Mädchen oder Frauen in ihrer Freizeit den Cyberspace aufsuchen, stundenlang in ihm verweilen und mit dem Erleben der neuen Medientechnologien in Computerspielen oder Netz-Adventures offenbar elementare Bedürfnisse befriedigen. Jungen und junge Männer sind es – zu mehr als 80 Prozent! –, die sich den digitalen Spielen und Kommunikationen überlassen. Sie begeistern sich für die Technik mit ihren unendlichen Schwierigkeiten und kennen oft noch die abstrusesten Details (die dem Autor leider auf ewig verschlossen bleiben werden!), die kryptischen Codes, sie genießen die »Action« vom Terminator bis »Matrix«, sie sind »Conquer und Commander« im Computer-Game und abenteuern in wechselnden Gestalten als »Avatar« durch das Internet. Sie betreiben auf durchaus vergleichbar spielerische Weise als »Existenzgründer« kleine, innovative Software- oder Provider-Firmen – während die jungen Frauen, immerhin ca. 20 Prozent der Existenzgründerinnen, bei Frisör-Shops oder kunsthandwerklichen Läden oder Mode-Boutiquen bleiben. Die Aufteilung der Geschlechter tritt in solchen nüchternen Statistiken auf eine beinahe schon kuriose Weise zum Vorschein. So ist das eben, und keine Ideologie kann es aus der Welt schaffen. Männer (nur ganz selten Frauen) betreiben waghalsige Geschäfte an der Börse, die immer mehr einem Computerspiel ähneln, und riskieren dabei auch schon einmal, eine ehrwürdige britische Bank in den Ruin zu reißen, so 1996 geschehen, ein Männerdrama geradezu klassischer Art.

Auf der Seite der psychologischen Literatur ist es ebenfalls so, dass der narzisstische Typus, der die hochgradig funktionalen, mit der Maschine »verschmelzenden« Eigenarten gepaart mit hoher Risikofreude zeigt, lange vor dem Aufkommen digitaler Medien als »männlicher Narziss« diskutiert wurde. Alle psychoanalytischen Fallstudien des Narzissmus, also jenes Charaktertypus, der vom Realen weg will, zugleich eine fast arrogante Lust am perfekten Funktionieren und Manipulieren von Realitäten und Menschen zeigt, sind Studien über Männer. Kurz, wenn wir von digitaler Technologie, von Simulationen und Vermehrung der Maschinenkompetenzen bis hin zur künstlichen Intelligenz oder künstlichem Leben sprechen, dann sprechen wir in Wahrheit von einer Männervision, einer Männerarbeit, einer Männerzukunft.

I. Der einsame Wolf im Cyberspace. Was ist ein Philobat?

Der Psychoanalytiker Michael Balint hat für diesen Charaktertypus eine einprägsame Bezeichnung gefunden, er spricht von »Philobaten«. Er leitet seine Wortschöpfung aus dem Griechischen her. Der »Philobat«, das ist der in die Höhe Springende, der sich verspielt und lässig von der »Erde« abhebt, der das Abstrakte, die Alltagsferne, das Besondere für sich und seine exclusive Seelenverfassung aufsucht oder imaginiert. Der männliche Narziss gleicht dem Ikarus. Wie der junge Mann aus der alten Legende – die Ovid in den »Metamorphosen« nacherzählt – strebt er, die väterliche Stimme der Vernunft hinter sich lassend, der Sonne entgegen, dem reinen Licht. Im durchscheinenden Glanz des kosmischen Gestirns würde er die Realwelt mit ihren Beengungen hinter sich lassen und aufgehen in einer Art symbiotischer Objektlosigkeit. Die Vernunftstimme des Vaters unter ihm ist verzweifelt. Der Vater weiß, dass dieses maßlose Streben im tödlichen Sturz enden wird. Freilich: Der moderne Ikarus in seinem weltvergessenen Flug quer durch den Cyberspace, der die Welt als perfekte Simulation genießt und in Lichtobjekte eintaucht, die ihm neue Welten eröffnen, wird nicht abstürzen. Das Licht, in das er hineinfliegt, ist kalt. Es wirft keine Schatten und kennt keine Sonne. In einer solchen kalten objektlosen Welt, die in vielen Facetten mystischen Erscheinungen gleicht, wird der moderne Ikarus überleben. Und sie wird in einer Geschwindigkeit, die vielen Angst macht, zu unserer Alltagswelt.

Der Philobat, der männliche Narziss, den Balint psychologisch beschreibt, steht am Ende einer widerspruchreichen Geschichte des abendländischen männlichen Geistes. Was Balint erst ahnte, entfaltet sich heute als neuer Typus von Objektbeziehung und Objektverweigerung in der Sozio-Kultur des digitalen Kapitalismus.

II.
Zum Charakter des philobatischen Narziss'. Ozeanische Gefühle und Bindungslosigkeit

Der Philobat ist in psychologischer Sicht zu tieferen Bindungen wenig begabt, oft unfähig. Dauer ängstigt ihn. Immer reißt es ihn fort aus allem Verlässlichen. Jede Begegnung, die über den Augenblick hinausreicht und in feste Strukturen einzumünden droht, jede stabile Beziehung zu Menschen und selbst zu einer Idee, einem Ideal, ruft in ihm eine heftige Abwehr hervor. Es ist ganz, als rühre sie an einen uralten Schmerz, den der männliche Narziss verleugnet und vor dem er flieht.

Und in der Tat vermutet die Psychoanalyse, dass sie diesen Schmerz benennen kann: Es ist der Schmerz, der am Anfang des seelischen Lebens steht, wenn das Neugeborene in eine ängstigende Wirklichkeit stürzt oder das Kleinkind spürt, dass die Welt der Objekte und der Menschen nicht »ihm eigen« ist, sondern einen selbständigen, objekthaft-materialen Charakter hat. Wenn es schmerzlich erleidet, dass Mama nicht »Ich« ist und nicht in symbiotischer Umhüllung alle Bedürfnisse stillen kann. Vollständige Erfüllung ohne Objekte, alles nur »Ich« und »mir zu eigen«, das ist ein uralter, in der Mystik wiederkehrender Menschheitstraum, der in jedem Neugeborenen neu begonnen wird. Das Neugeborene und Kleinkind lernt am Beginn seines seelischen Lebens schmerzlich, dass es nur ein Objekt in einer Welt der Objekte ist, also unendlich allein. Es ist herausgerissen aus dem biotischen Raum des Einsseins mit dem mütterlichen Leib. Dieses Trauma bleibt psychisch ein Leben lang erhalten, es erzeugt eine Sehnsucht, die die Welt der realen Dinge und der realen Menschen nicht befriedigen kann. Freud wählte für diese frühkindliche Verfassung eine Bezeichnung, die er von Romain Roland übernahm – zögernd, weil sie so unwissenschaftlich, »unmännlich« klang: »Ozeanische Gefühle«. Der Ozean ist das Fließende, Unendliche, das hinab zieht und tausend Verführungen und Gefahren birgt.

Der kleine Narziss lernt, seine Sehnsucht abzuwehren oder wenigstens erträglich zu halten, und besorgt sich auf manipulative Weise jeden möglichen Ersatz, den die Realität ihm zukommen lässt. Er stellt seine Sprache, seine Gestik, seinen unbeholfenen kindlichen Charme darauf ein, die Menschen und in gewisser Weise sogar die abgrundtiefe Welt der Träume seinen Wünschen gefügig zu machen. Am Urgrund des männlichen Besitz- und Manipulationswillens, der sich gern mit Maschinen und ihrer überlebensgroßen

Kraft verbündet, steht dieser ängstlich-einsame Wunsch: Mama, symbiotische Verführung und dunkle Enttäuschung, »Gesicht des Himmels und Abgrund der Hölle«, wie Pasolini schrieb. Sie verlässt ihn ein ganzes Leben nicht mehr.

III.
Der kleine Narziss und die hilflosen Väter. Die »neuen Jungen« brauchen die Kraft der Maschinen nicht.

Die gesamte frühkindliche Entwicklung des kleinen Jungen steht gewissermaßen im Dienst der Leugnung dieser frühesten Wünsche und Ängste, aus ihnen geht die lebenslange Bereitschaft, mit allem und jedem zu rivalisieren, hervor. In früheren Zeiten hatte der Vater (auch in diesem Punkt befinden wir uns in einer Übergangszeit) eine zentrale, heute eher eine randständige Bedeutung. Am Vater lernt der kleine Junge, seine Sehnsüchte zugunsten der rivalisierenden Auseinandersetzung mit einem anderen Mann zurückzustellen. Je mehr die Mutter sich jedoch sorgend und umhüllend um das weitere Schicksal des Jungen kümmert, und je weiter der Vater zu einer Randfigur verblasst, umso konsequenter kann der kleine Junge seine »narzisstische Disposition« aufrecht erhalten. Der mächtige und bedrohliche Vater, wie er um die Jahrhundertwende und vielleicht bis in die Mitte unseres Jahrhunderts anzutreffen war, konnte den kleinen Jungen noch zwingen, sein bewusstes symbiotisch-narzisstisches Sehnen ganz und gar aufzugeben. Das waren dann die Unterwürfigen, die sich unter der Autorität des Vaters duckten und als Erwachsene jedem Befehl folgten und bei der Ausführung keine Verantwortung empfanden. Im Innersten dieser Autoritätsangst verbarg sich auch bei ihnen die Sehnsucht nach der Mutter – es gibt beachtliche psychoanalytische Zeitdiagnosen, die darauf aufmerksam machen, dass Hitler eher das weiche, fordernde Mutterbild als das des disziplinierenden, soldatischen Vaters stimulierte.

Wie immer dies gewesen sein mag, heute ist es zweifellos so, dass dem Narzissmus des Knaben innerhalb der Familienkonstellation nur begrenzte Abstriche, begrenzte Einbußen zugemutet werden. In vielen Bereichen kann er darauf vertrauen, dass er mit Geschick und manipulativem Einsatz seinen Narzissmus immer wieder in Szene setzen kann. Viele Jungen lernen früh, dass sie im Notfall mit einem massiven Aggressionsausbruch, der die Erwachsenen der gegenwärtigen Elterngeneration gründlich verstört, alle Betreuung und Versorgung, die sie sich wünschen, erzwingen können. Ich will an dieser Stelle keinen Aufriss des männlichen Sozialisationsschicksals geben, aber es scheint mir offenkundig zu sein, dass bei kleinen Jungen heute ein Überhang an narzisstischen Energien zu beobachten ist.

Das hat keineswegs nur negative Konsequenzen. Die Jungen, wie sie in den letzten ca. 20 Jahren in unserer Gesellschaft aufwuchsen, haben sich von dem tollpatschigen aggressiven und disziplinierten Männertypus früherer Jahre verabschiedet. Man trifft bei den männlichen Kindern und Jugendlichen, auch bei jungen Erwachsenen, eine Beweglichkeit, ein Empfinden für Ästhetisches, eine Fähigkeit zu geistiger Artifizialität, verbunden mit einem hohen Einfühlungsvermögen, die den Männern früherer Generationen nur in Ausnahmen gestattet waren. Die Verknüpfung von Narzissmus und Männlichkeit hat einen neuen Typus geschaffen. Bei ihm sind zwar in Anteilen Elemente des »alten Mannes« aufrecht erhalten. Auch er will der Welt seinen Willen aufzwängen, auch er reagiert auf kleine Frustrationen mit wildem Zorn und einer vorbehaltlosen Entschlossenheit, notfalls mit Gewalt zu erzwingen, was ihm verwehrt bleibt. Die Fantasie von Rivalität und Kampf, von Krieg und Tod prägt nach wie vor die Mentalität der männlichen Kinder, Jugendlichen und jungen Erwachsenen. Und doch sind sie beweglicher und veränderlicher in der Art und

Weise, wie sie ihre Ziele verfolgen. Da ist kaum noch etwas zu spüren von dem harten kollektiven Schritt der Militärstiefel, den dröhnenden Befehlen und dem johlenden Gehorsam, der die Arbeitsdisziplin und ihre Tugenden in der Vätergeneration begleitet hat. Die Jungen haben andere Möglichkeiten, ihren narzisstischen Willen durchzusetzen.

Die digitalen Medien und Kommunikationswelten haben sich mit ihren Wünschen und Sehnsüchten verbündet. Die Zukunft ist in gewissem Ausmaß eine männliche Idealprojektion: Auf dem Weg der digitalen Simulationen, der Zeit und Raum überspringenden Kommunikationswege kann man, scheint es, heute erreichen, was früher nur mit der kollektiven Gewalt der soldatischen Heere erreicht werden konnte. Die Welt aus den Angeln heben – dazu muss man sie nicht zerstören!

Die Vätergeneration identifizierte sich auch mit der Macht der Maschinen, aber es war immer nur und ausschließlich eine versklavende Macht in den Fabrikhallen oder eine zerstörende Macht auf den Schlachtfeldern. Die neuen, digitalen Maschinen zeigen einen anderen Weg. Er führt in die Überwindung des Realen. Die widerständige Welt wird nicht zerschossen und zerstört, sie wird bis zu einem gewissen Umfang einfach zurückgelassen. Die männliche narzisstische Sehnsucht hat mit der digitalen Technik und der Vereinigung mit intelligenten Maschinen ein Bild des Übermenschen geschaffen, an das sich die narzisstischen Träume in der Form der männlichen Projektion binden können: Alles ist möglich. Alles könnte heute oder morgen geschehen. Jede Neuigkeit aus den Agenturen, auf den Fernsehschirmen oder aus den Zeitungen kann einen Schritt näher auf die Verwirklichung des narzisstischen Traumes hindeuten. Die sehnsüchtige Gestalt des kindlichen Narzissmus kann sich heute mit der Welt auseinandersetzen, ohne sie zu leugnen und ohne sie im Kern abschaffen zu wollen.

Narzissmus ist zu einer projektiven, weltverändernden Energie geworden. Allerdings zahlt sie dafür den Preis, den ich eben genannt habe: Mit den beschränkten Möglichkeiten des Nur-Menschlichen ist der Traum nicht zu erreichen. Der Mensch muss sich mit den neuen intelligenten Maschinen vermählen, muss in ihrer kollektiven weltumspannenden Präsenz gleichsam *untergehen*, um sich gemeinsam mit den Maschinen von der Bindekraft des Realen zu lösen. Er muss sich von der Idee des autonomen Subjekts verabschieden, das es immer nur konkret und hier und jetzt und nicht »weltweit« geben kann. Er muss sich von der oft so selbstgefälligen »Ich«-Isolation verabschieden, um sich und seinem Geschlecht den weiten Raum des visionären Flugs zu eröffnen.

IV. Der kleine Narziss ist nicht egozentrisch. Sondern ich-vergessen.

Kehren wir zurück zu der Charakterisierung des Narziss', wie sie Balint unter dem Stichwort »philobatisch« vor rund 40 Jahren vorgenommen hat. Das philobatische Erleben ist ganz auf den Gesichtssinn konzentriert. Die Objekte und die Welt der Objekte werden beobachtet. Der Philobat versucht sie aus möglichst großer Distanz zu beherrschen, wobei sein körperliches Erleben, die unmittelbaren Sinne, das Tasten, das Riechen zurückbleiben. Das Tasten und Riechen ist ja die direkte Berührung mit der Materie, mit dem festen Objekt. Eben dies wird vom Narziss vermieden. Er schiebt zwischen sich selber und das Objekt, das er manipulativ beherrschen will, gern ein Instrument, eine Maschine. Sie soll ihm die Verfügung über das Objekt sichern und ihm gleichzeitig die Objektwelt buchstäblich »vom Leib halten«.

In der Funktionssicherheit mittels der Maschine fühlt sich der männliche Narziss gut aufgehoben. Seine Sehnsucht, seine verliebte Allmachtsphantasie verlagert er deshalb zu einem guten Teil auf das Werkzeug, die Maschine:

Im digitalen Zeitalter ist dieses Werkzeug eben das Medium Computer und Internet, das die Welt repräsentiert und verändert. Es ist nun einfach zu verstehen, warum die Menschen, die Dinge, die Ideen für das narzisstische Erleben relativ einfach austauschbar sind. Wichtig und beständig ist nur das Verfügen über sie. Letztlich tritt das Erleben der Wirklichkeit selber zurück, der männliche Philobat kann ohne weiteres auch auf sie verzichten, wenn an ihre Stelle, wie es beim Erleben des Cyberspace der Fall ist, eine abstrakte Funktions- und Beherrschungssicherheit tritt, die eine Art selbstvergessene, ego-zentrische Befriedigung auslöst.

»Ego-zentrisch« ist eigentlich irreführend. Sogar das Ego soll vergessen werden. *Das* wäre das Ideal. Auch da kommen die Nutzungen des Internet dem kleinen Narziss entgegen. Wo er sich als Avatar in Abenteuern oder Chats herumtreibt, ist er nicht »Ich«. Sein Ego zerfließt. Vielleicht hat er viele Egos. Oder alles ist Ego. Insofern nimmt es nicht Wunder, dass für den männlichen Narziss die Verschmelzung mit der Maschine oder dem Maschinenraum Cyberspace letztlich kein Opfer darstellt.

Frauen beharren auf ihrem Ich. Ihrer besonderen Welt. Männer geben sie leicht-fertig preis. Ihr Selbst delegieren an die Maschine oder in den Funktionsraum der Maschine. Es ist von geringer Bedeutung. Nicht die Liebe zu sich selber, sondern die Liebe zur überlegenen Funktionsmacht treibt sie voran.

V.
Der männliche Wunsch nach Passivität. »We are the World«.

Warum ist das so? Auch darauf gibt uns die Psychoanalyse zumindest in Grenzen eine Antwort. Das frühkindliche Erleben, die primären Gefühle sind, wie in Abschnitt II gezeigt, nicht die Gefühle eines »Ich«, nicht die eines fertigen Selbst: Die Symbiose, die das Neugeborene erlebt und das Kleinkind halluzinierend wieder belebt, kennt noch kein Ich und kein Du, keine Welt und kein Selbst, kein Innen und kein Außen. Das Kleinkind will von der Welt der Objekte getragen werden, will in symbiotischer Einheit mit ihm dahinfließen, so wie es in biotischer Einheit im Mutterkörper fließend und wunschlos existent gewesen ist. So soll es wieder sein, das ist der narzisstische Traum.

Insofern kann im Zentrum des Narzissmus gar nicht, wie es in der Populärpsychologie angenommen wird, die Liebe zum Selbst stehen. Auch die eben genannte Liebe zur Macht ist eigentlich nur Ersatz: Sie soll die Objekte, *alle* Objekte, *alle* Menschen, *alle* Dinge in den fließenden, tragenden Zustand zurückversetzen. Im Tiefsten verbirgt der Wunsch nach Macht das ursprüngliche Bedürfnis, von der Welt der Objekte getragen zu werden und selber passiv dahinzugleiten.

Der »Wille zur Macht«, dem Nietzsche im Alter eine so große Bedeutung zuschrieb, will etwas ganz anderes, als wir auf den ersten Blick annehmen: nämlich, wie Nietzsche vor Freud anmerkte, die Selbstauflösung des Ich. Der Wille zur Macht ist paradox, ihn drängt es nicht zur Herrschaft *über*, sondern zur Vereinigung *mit* allem. Deshalb sind Anarchie und Macht, Chaos und Willkür im seelischen Erleben kaum voneinander zu unterscheiden, wie therapeutische Fallstudien immer wieder zeigen.

Der Machtwille, wenn man ihn näher anschaut, will nicht dieses oder jenes Objekt, nicht diesen oder jenen Menschen, er will die ganze Welt der Objekte. Er will sie nicht kontrollieren, sondern vielmehr für sich gewinnen, um von ihr »getragen« zu werden. Diese *entgrenzte Passivität* erinnert deutlich genug an die frühkindliche Verfassung. »We are the World«, sagen die User im Netz. Das – und nicht der e-commerce und andere Geschäftstüchtigkeiten – ist die Vision der vernetzten Welt, der ultraintelligenten Maschine (dessen Anhängsel das männliche Ich ist), des universalen Weltwissens.

VI.
Die Nöte des männlichen Narziss. Die männliche Gestaltung der Zukunft und die Chancen der Menschheit.

Michael Balint ist von der Gestalt des Narziss' fasziniert. Er übersieht dabei freilich, würdigt zumindest nicht ausreichend, dass die Freiheit des männlichen Narziss eine nur scheinbare ist. In der Begegnung mit den jungen Erwachsenen, die als Global Player diesen Zukunftstypus bereits heute verkörpern, meine ich immer etwas von einer Art insgeheimen Unruhe zu spüren. Sie versprühen eine geradezu demonstrative Offenheit, und dennoch wird in einem Gespräch, bei einer etwas längeren Begegnung deutlich (wobei sie sich auf längere, intensive Begegnungen kaum einlassen, sie eilen von Termin zu Termin, von Kontakt zu Kontakt), dass ihnen jede Begegnung und jeder Mensch anstrengend, in gewissem Sinn bedrohlich erscheinen. Das ist so verwunderlich nicht. Denn kein Mensch ist ganz unter Kontrolle zu bringen. Keiner fügt sich dem narzisstisch selbstverliebten Wunsch. Kein Mensch lässt sich auf Dauer manipulieren, die meisten »Objekte«, technische oder ideelle, auch nicht. Die demonstrative Offenheit des Narziss' ist deshalb immer von einer misstrauischen Unruhe verdunkelt. Sie gibt sich dadurch zu erkennen, dass er zu jeder Zeit bereit ist, ein Objekt durch ein anderes, eine Unternehmung durch eine aussichtsreichere, einen Menschen durch einen nützlicheren zu ersetzen. Auf die Dauer hält der Narziss damit alles und jedes in einer Art Schwebe. Einer Gleich-Gültigkeit.

Aber befindet er sich damit tatsächlich in den freundlichen Weiten, den Abenteuern der Grenzlosigkeiten, von denen Balint so beschwingt spricht? Es ist wohl eher so, dass der männliche Narziss sich diese Weite und Abenteuer nur suggeriert. Gleichzeitig beobachtet er alle auftauchenden Objekte, alle Geschehnisse und besonders die Menschen misstrauisch, überaufmerksam, überwach, als seien sie allesamt potentielle Feinde. Der narzisstische Charakter ist immer in Angst vor einem Absturz. Das treibt ihn an, zu immer neuen Ufern, neu entworfenen Zukunftsperspektiven, neuen Extremen und Spitzenleistungen. *Bleiben ist nirgend!* Jeder Absturz, wenn er denn eintritt, ist endgültig.

An jedem Ort, den er in alle Himmelsrichtungen kommunizierend aufsucht, in jedem Geschäft, das er aufnimmt, lauert Gefahr. Er, der realen Erfahrungen und realen Objekten so geschickt auszuweichen versteht, ist gerade deshalb in besonderer Weise gefährdet. Die realen Unwägbarkeiten können ihn jederzeit einholen. Er wüsste auch gar nicht mit Niederlagen umzugehen. Er ist nicht stabil. Einbußen erträgt er nicht, Rückschläge versetzen ihn in Panik, Niederlagen vernichten ihn.

Dies wiederum macht es verständlich, warum der philobatische Narziss so häufig in geschäftlichen und persönlichen Beziehungen buchstäblich »abstürzt«. Dann bricht mitten in seinem demonstrativen Selbstbewusstsein eine für seine Umgebung oft unerklärliche Depression aus, eine plötzliche und endgültige Resignation, ein Sog ins Dunkle, Abgründige, dem er sich ebenso bereitwillig zu überlassen scheint wie zuvor dem freien Flug. Dem Bild des Narziss ist von Anfang an das Bild der Selbstvernichtung zur Seite gestellt.

Aus diesen skizzenhaften Bemerkungen wird, denke ich, bereits deutlich, dass in den elektromagnetischen Übertragungsmedien und in der Welt der Computer der Narziss Objekte findet und beherrschen kann, die ihm keinerlei Widerstand entgegensetzen. Sie haben nur eine schwache Präsenz und einen ungenauen Realitätsanspruch. Mit ihnen kann er funktionierend und sicher umgehen – und zugleich in ihr verführerisch materieloses Glänzen tagträumend versinken. In der Medienrealität ist er von seinen inneren Widersprüchen erlöst. Mindestens hat er sie ins Erträgliche verringert.

Die Welt der Künstlichkeiten, der Simulationen, des fiktiven Lebens und der fiktiven Intelligenz ist wie die Sonne, der Ikarus entgegenstrebt. Diese digital-elektronische Welt, die unsere Zukunft darstellt, ist für den männlichen Narziss ein ideales Lebensgelände. Deshalb neigt sich unsere Kultur, teilweise wider alle Vernunft, diesen neuen Medien derart heftig zu. Eine Umkehr wird es nicht geben. Was wir erleben, ist ein Siegeszug der männlichen Ratio *und* des männlichen Unbewussten. Damit ist freilich die Frage nicht beantwortet, ob es auch ein *Siegeszug des Menschen* werden wird.

Vielleicht bleibt von allem nur eine intelligente, ortlose Weltmaschine, die sich vernetzend unermüdlich erweitert. Solche Befürchtungen, nicht ohne Melancholie, plagen viele Tüftler und Erfinder, die sich an den neuen Techniken beteiligt haben und nun immer nachdenklicher werden. Und damit sind wir bei Pauline. »Pauline« ist ein Mann, um das gleich klarzustellen. Wir werden ihm am Ende des vorliegenden Buches wieder begegnen. Er misstraut den flüchtigen Medien und hängt den alten Maschinen nach. Er trauert um sie, oder – um es aus Paulines Perspektive zu sagen – er trauert mit ihnen. Denn ihre Zeit ist zu Ende. Wie die der alten Männlichkeit. Aber bevor wir Pauline aufsuchen, sollten wir die »neue Welt der Technik« und die Transformationen des Männlichen, die sie in Gang gesetzt haben, im

Einzelnen betrachten. Und uns schließlich der Frage zuwenden, warum eigentlich der kulturelle Aufschwung der Frauen in den 70er Jahren und danach auf diese neuen Entwicklungen so gar keinen Einfluss genommen hat.

2. Kapitel

Zeitaufnahme 1

Die Hippies und der Aufbruch männlicher Wissenschaft aus dem Geist der »Mutter Natur«

Alles begann in den 60er Jahren. Die Hippie-Bewegung und die anschließenden Jugendrevolten stellten – vielleicht zum ersten Mal in der zivilisatorischen Geschichte – die alten Gesetze der Disziplin, der Willensstärke und der Autorität in Frage. Institutionen wie Familie und Militär und in gewissem Umfang auch Schule und Campus, die diese Werthaltungen befördert hatten, gerieten rasch in den Sog der Abwertung. Zu sehr war ihr öffentliches Bild mit dem tradierten Autoritarismus und seiner stummen Gewalt liiert. Die Zeit war reif für etwas Neues.

Das war der Anfang der weltweiten Protestbewegungen, und zugleich die Proklamation einer friedfertigen Welt, in der die Menschen gleichberechtigt, gleichwertig miteinander leben sollten. Gemeinschaft in körperlichen und seelischen Freiheiten, in sexuellen Harmonien, in denen ein Geschlecht sich im anderen ergänzte und versöhnte. Das war gemeint, und damit war zugleich die Abwendung vom jahrtausendealten Paternalismus und seiner Gewohnheit des Herrschens ausgesprochen.

Alles, was Herrschaft hieß oder an Herrschaft erinnerte, sollte nun vorbei sein – die Herrschaft über das Weibliche ebenso wie die Herrschaft über die Kinder, schließlich die Herrschaft über die Natur als ganze (im Umkehrschluss wurde in der Revolte daraus eine Apotheose des Weiblichen und des Kindlichen als »Natur«, insofern paternalischen Ideen nicht ganz unähnlich). Als Zentrum und Sinnbild von Herrschaft erschien die Unterdrückung des Sex. Und darum sollte im Prozess der Befreiung zugleich mit dem Ende der Autoritäten eine Gemeinschaft der »Sexes«, der Versöhnung der Menschen mit ihrer inneren und äußeren Natur anbrechen.

Es war ein großer Aufbruch. So versponnen und lebensfremd uns viele dieser Motive heute auch anmuten, damals bewegten sie die Welt. Die jugendliche Revolte und ihre Inhalte wurden rund um den Erdball gesungen und gepredigt, und sie haben sich tief in unsere Erinnerungen eingegraben. Noch immer ist es vor allem ein romantisches, in gewissem Sinn »heiliges« Bild, das wir uns im Rückblick auf jene »Love and Peace«-Zeiten gern ausmalen.

Aber das schöne Bild täuscht!

Der Schein zerfällt rasch, wenn diejenigen, die dabei waren, ihre Erinnerungen einmal überprüfen. Oder wenn wir, misstrauisch gegen die allzu traute Alternativ-Idylle, in den Dokumenten jener Zeit nachforschen. Bei genauerem Hinsehen erkennen wir nämlich, dass sich von Anfang an ein auffälliger Gegensatz durch die Hippie-Bewegungen zog. Man kann ihn als Gegensatz von männlichen und weiblichen Ideen und Idealen beschreiben. Zuletzt erwies sich, dass er ganz und gar unversöhnlich war.

Die Hippie-Kultur war die Stunde der »Mother Earth«. Mutter Erde – das war das weiblich versöhnte Bild der zivilisatorischen Kultur mit der (als ausgebeutet und entrechtet angesehenen) Natur, einer der beherrschenden Topi jener Bewegung und des jugendlichen Zeitgeistes, der von ihr inspiriert wurde. Die späteren ökologischen Bewegungen kündigten sich da bereits an, sie führten in den 80er Jahren zur Gründung »grüner« Parteien. In allen Umwelt-Parteien hat sich, als Folge dieser Anfänge, eine programmatische Verklammerung von zwei Themen durchgesetzt, die sich heute problematisch auswirkt: die Gleichrangigkeit und Gleichzeitigkeit von Ökologie und Frauenbewegung. Die Tatsache, dass die Attraktivität der grünen Parteien und ähnlich thematisierter Bürgergruppen bei der jüngeren Generation sehr rasch schwindet, mag eben damit zusammenhängen. Eine ökologische Bewegung, die sich an die Frauenbewegungen (mitsamt ihren Dogmata des Weiblichen als Bewahrerin der Natur – einer ersten, harmonischen und eindimensionalen Natur) bindet, kann wahrscheinlich die Zukunftsvisionen einer jungen Generation, die auf Technologie setzt, nicht mehr verkörpern. Die von den Frauenbewegungen besetzte Idee von Natur (eben die weibliche, unberührte und unberührbare, die sanktionierte Natur) ist eine ganz andere, als sie in der neuen Technik, in den Zentren der digitalen Medienentwicklungen akzeptiert oder auch nur verstanden wird. Und genau dieser Gegensatz – Naturdogma und Feminismus auf der einen Seite, Technologie und Zukunftsvision auf der anderen Seite – zeichnete sich bereits in den 60er Jahren in den Hippie-Kulturen ab.

»Mutter Erde« war ein mächtiger Slogan, er wirkte wie ein Signal auf junge Frauen. Das Signal hieß: Aufstand gegen die Alten – und zwar gleich gegen beide Geschlechter der Alten. Da gab es dieses triste Frau- und Mutterbild: die Frau als seufzende Dienerin in der Familie, der Küche, der Kirche, die auf insgeheim tyrannische Weise das Sagen hatte (das Doppelgesicht des Mütterlichen). Mit ihr verband sich für viele Söhne und Töchter die Erinnerung an eine enge, kontrollierte Kindheit, in der ganz wenige, dabei äußerst normierende Werte galten. Harte, formelhafte Werte, sie erstickten das Leben, aber vor allem wohl das weibliche Leben. Das sollte nun alles weggeschafft werden, musste noch aus den letzten Winkeln des Bewusstseins und des Unbewussten herausgezogen werden und brauchte insofern ein starkes, ja ein mächtiges Gegengewicht.

»Mutter Erde« bedeutete zum anderen das Abwerfen des »patri-zentrischen« Vaterbildes. Der weibliche Slogan zielte auf die Erledigung der dominierenden Väter, wobei freilich ganz in Vergessenheit geriet, dass die tatsächlichen Väter mit dem patriarchalen Bild ganz und gar nicht in Übereinstimmung zu bringen waren. In der Realität waren sie meist keineswegs dominant, sondern oft rechte Schwächlinge, die sich unter der Fuchtel von Religion und Karriere duckten (was die Töchter ihnen vermutlich mehr als alles andere verübelten, aber das ist ein anderes Thema).

Weg und heraus aus den aufgezwungenen eingleisigen Zukunftsperspektiven, so forderte der kräftige Slogan. Weg von den dumpfen Lebensbildern und Lebensplänen, die den Jungen von einer muffigen Papa- und Mamawelt der unterschwelligen Geschlechterkämpfe übergestülpt worden waren. Die Ziele waren vernünftig und gut, die Begründungen waren es weniger.

»Mother Earth« war nicht nur Selbstbild und Selbststilisierung, sondern zuerst einmal ein Gegen-Bild. Auf den ersten Blick wirkt es harmonisierend. Aber insgeheim wucherte dort bereits etwas anderes, nämlich die Kontur eines noch ungenau zur Kenntnis genommenen »Feindes«, eine Feind-Ahnung, eine Feind-Witterung, und der Feind war eben das »Patriarchat«. Die proklamierte Harmonie und der Gleichklang der Menschen wollten sich jedenfalls nicht einstellen. »Mother Earth« war in Wahrheit nämlich eine Kampfansage. Sie galt schon bald nicht allein den Vätern, sondern dem männlichen Geschlecht insgesamt.

Das hatte wohl damit zu tun, dass sich die jungen Frauen in ihrer Abgrenzungsnot zur technisch-männlichen Kultur selber in eine Art Anmaßung begeben hatten. Die Allmutter ist erkennbar ein hochgradig narzisstisches Bild. Und wie allem Narzissmus ist auch diesem eine gehörige Portion Abwertung des Anderen beigemengt. Wenn die Allmutter Ursprung des Lebens und damit Quell und Maßstab allen »richtigen Lebens« in neu-ökologischer Sichtweise war – was war dann das Männliche? Eben nur das Zweite, das Abgeleitete! Das weniger »Ur«sprüngliche, das weniger mit der Wahrheit im Kontakt – im natürlichen, selbstverständlichen Kontakt – Stehende. Mutter Erde war als Bild des Weiblichen, rundheraus gesagt, eine Anmaßung.

Vielleicht war es gar nicht anders möglich, die unglückliche bürgerliche Geschichte der Geschlechter hinter sich zu lassen. Vielleicht brauchten die jungen Frauen der frühen 60er Jahre, die inmitten einer trostlosen Gemeinschaft der Geschlechter aufgewachsen waren, ein so kräftiges, idealisierendes Selbstbild, einen dogmatischen Spiegel, der dadurch wirkte, dass er sich scheinbar auf etwas Unbefragbares, Elementares – eben die Natur – stützte. Das mag durchaus so sein. Aber es ändert nichts daran, dass mit dem neuen Dogma auch eine neue Herrschaftsanmaßung eintrat, die sich wie die alte paternale Verbotsordnung moralisierend durchsetzte. Das sollte Folgen haben.

Mutter Erde, die Allversöhnerin, war eine eifersüchtige Göttin. Jeder, der in einer der zahllosen »Farms« in Kalifornien und anderswo, in den Wohngruppierungen mit spirituell-therapeutischem Anspruch, in Free Clinics oder in einem der Kollektive, der »Factories« und »Kitchen« untergekommen ist, weiß ein Lied davon zu singen. Natur war der erste und vornehmste Bezugspunkt aller Diskussionen, aller Werte und Ordnungen, aber es war eine ganz und gar fiktive Natur. Eine Natur nämlich, die man keineswegs sehen und anfassen, also keineswegs überprüfen konnte. Vor den Fenstern und Türen der »Factories« oder Wohnkollektive tat sich im Allgemeinen eine überaus unnatürliche Stadtlandschaft auf, auch die Hippies gingen nicht zu Fuß und fuhren nicht in Pferdekutschen über die Straßen von New York, London, Berlin oder Heidelberg. Sie knatterten selbstverständlich in ihren uralten Chryslers oder VWs über das Pflaster der von ihnen bevorzugten Altstädte – das alles ist bekannt. Natur war nur ein Dogma. Und wie jedes Dogma bedurfte es der moralischen Pflege. Diese stellte sich zuverlässig ein, wenn ein- oder zweimal pro Jahr einer der Jünger aus kalifornischem Ackerbau oder Lüneburger Schafzucht sich in den städtischen WGs einfand und vom Leben in der Natur erzählte. Von den Kindern und den Tieren, und wie beides miteinander und mit einer befreiten Sexualität zusammenhing. Sexualität galt im Verlauf der Bewegung als die immer wichtigere, jedenfalls konkretere Elementarform des Natürlichen.

Dass – außer einigen philosophisch gesonnenen Querköpfen – kaum ein Hinweis in den zahllosen Schriften, Zeitungen, Büchern jener Jahre zu finden ist, der die mögliche Verkümmerung gerade in der »freien«, in der ungehemmten Sexualität bemerkte, dass niemand auf die Idee kam, in dem ungehemmten Fluss der Libido die Unterdrückungsmerkmale der verachteten Bürgerwelt auszumachen, zeigt deutlich genug, wie anti-intellektuell und dogmatisch eingeschränkt es in den »freien Gruppen« zuging. In Otto Mühls AAOs etwa wurde selbst das Spießig-Aggressive, das Herrschsüchtige des Sex, als Befreiung gefeiert und ausgeübt. Was ich bin, das bin ich unmittelbar. Alle Zwischenschritte zwischen mir und meinem Bedürfnis – vor allem Vernunft, vor allem Reflexion – ist Anti-Natur. Die gehört ausgetrieben, exorziert! Es war ein gewaltiger Hokuspokus der unterdrückten Seelen, die nicht wussten, wohin mit sich und ihrer Wut.

Das Naturpathos und –dogma war, bis in die Sexualstruktur mitsamt ihren frühen Prägungen hinein, zutiefst verknüpft und einig mit der Repressivität jener Gesellschaft, von der es sich abzusetzen hoffte. Die ungehemmte Sexualität war immer nur ein Spießertraum. In den (wenigen) Farms, die tatsächlich den Boden beackerten und von ihren Früchten lebten, war denn auch – wen will das überraschen! – die unterdrückende Arbeitsdisziplin selbstverständlich. Und akzeptiert. Das Dogma duldete keinen Widerspruch.

Über all dem Schweiß und der Hochzeit der Gefühle thronte das Mutterbild: Inbegriff der Natur an sich. Das war die eine, die weibliche oder, genauer gesagt, die feministische Seite der Hippie-Bewegungen.

Zugleich und mittendrin – wie der leibhaftige Widerspruch, die Negation in einer heimlichen Dialektik – gab es dann eine ganz andere Entwicklung. Diese hatte einen sehr rhetorischen, sehr beredten Charakter (und verwies schon dadurch auf ihre männliche Herkunft). Sie verkündete eine Apotheose der »Nicht-Natur« – eigentlich sehr erstaunlich. Aus dem Inneren der »back to the roots«- und »zurück aufs Land«-Kollektive tauchten in den 60er Jahren Visionen von der Verschmelzung des menschlichen Bewusstseins mit der chemischen Droge und mit den perfekten Maschinen, den Computern, auf.

Wer sich die insgeheime Repressivität (und verborgene Aggressivität) der Naturmystik vor Augen hält, wird nicht sehr überrascht sein, dass in den Hippie-Gruppierungen und mitten in dem Zeitgeist, der sie protegierte, diese »Negation« aufbrach und an Kraft gewann. Aber damit ist das erstaunliche Faktum, dass in der Hippie-Kultur fast zeitgleich mit der Wendung zur Natur eine geradezu verzückte und prophetische Vision von Befreiung durch Technologie und Chemie aufkam, nicht ausreichend erklärt.

Gewiss ist es so, dass ein Dogma eben in allen Fällen sein Anti-Dogma hervorruft, aber die Gründe für diese widerspruchsreiche Entwicklung lagen wohl tiefer. Maschinenträume und die Verklärung eines frei schwebenden, ungebundenen, universalen Bewusstseins, die Vision einer Selbsterweiterung, ja Selbstentgrenzung, wie sie nur mithilfe von Drogen aus den chemischen Labors zu erreichen sind, hatte von Anfang an einen Platz in der kulturellen und sexuellen Revolte.

Wir stoßen hier auf das eigenartige, übrigens kaum einmal beschriebene Phänomen, dass die Ideale der reinen Natur und der puren Anti-Natur nicht nur zur selben Zeit formuliert, ja gepredigt wurden, sondern dass sie trotz aller Glaubensintensität, die jede der beiden Seiten zeigte, nahezu konfliktfrei innerhalb bestimmter Subgruppen koexistieren konnten, ohne sich sogleich in zwei feindliche Lager aufzuspalten. Das galt zumindest für einige Jahre, bis dann endlich beide Strömungen tatsächlich auseinanderbrachen und heute kaum mehr miteinander kommunizieren könnten, selbst wenn sie es versuchten. Heute nimmt die eine Seite von der anderen nur noch ein Klischee wahr. Die naturselige Grundschullehrerin kennt die technischen Medien und die Antinatur der Simulationen und der Gen-Technologien nur als Bedrohung, und die Forscher und Programmierer in den Labors wissen von der »Rückkehr zur Mutter Natur« nur noch so viel, dass sie sich politisch sehr hinderlich bemerkbar machen kann. Trotzdem haben beide den Ursprung ihrer Ideen in den Jugendrevolten und Hippie-Kommunen. Sie oder die Generation vor ihnen haben diese verschiedenartigen Träume einmal gemeinsam geträumt. Und dafür gab es auch einen Grund, denn sie hatten eine zentrale Gemeinsamkeit: Beide träumten den großen uraltnarzisstischen Menschheitstraum von der Verschmelzung des menschlichen Bewusstseins mit seiner Umwelt, letztlich dem All, von der Vereinigung von Subjekt und Objekt, Natur und Geist – wenn auch beide Seiten auf ganz unterschiedliche Art und Weise.

So wie Mother Earth und der Einklang mit der geduldigen, passiven Natur durchaus traditionsreiche weibliche Züge zeigten, so war dieser »andere« Teil der Hippie- und Jugendbewegungen offenkundig »männlich« inspiriert. Ja, er war eigentlich mit allen Charakteristika einer bürgerlichen Männerkultur ausgestattet. Wie die Männer und Macher der Vätergeneration, die seit eineinhalb Jahrhunderten Maschinen vergötterten, sich mit Maschinen identifizierten, sich von Maschinen unterjochen ließen, propagierten auch die Hippies die maschinelle Kraft, die »Power«, die mehr und stärker war als Natur. Insofern blieben sie ganz im Rahmen der bürgerlichen Spätaufklärung. Trotzdem zeigt sich, wenn man die Zeugnisse jener Zeit genauer prüft, bei aller oberflächlichen Ähnlichkeit etwas ganz Neues in den Drogen- und Maschinenträumen.

Richard Brautigan, Lyriker und neben Borroughs der sprachmächtigste und populärste der Hippie-Prediger, verlieh dieser Strömung, die in den frühen 70er Jahren immer kräftiger wurde, eine Stimme. Er träumte sich weit aus dem Naturraum hinaus, tief ins Innere einer cybernetischen Welt. »Sie muss kommen«, beschwor er die Dringlichkeit seiner erwartungsvollen Visionen. Und die lauteten so:

»Bruder und Schwester Tier, beschützt von Maschinen göttlicher Gnade«.

Das war nun tatsächlich ein anderer Gott, als es je zuvor in der abendländischen Kultur einen gegeben hatte, kein paternalisch-christlicher Herr, freilich auch kein naturmystischer All-Geist. Es war ein Abschied von beidem und die Ankunft einer ganz anderen, sehr eigenwilligen, ja paradoxen Spiritualität. Während sich in der »Szene« noch die Naturmetaphern ausbreiteten und ein Leben ohne Vermittlungen zwischen Individuum und natürlicher Umwelt (Unmittel-barkeit, »Spontaneität« an sich) verkündeten, bahnten sich hier eine Theorie und ein Zukunftsentwurf an, die sich gerade von den *»Mitteln«*, von den Maschinen und von der Chemie, alle menschlichen Freiheiten erhofften. Das war zwar ein Zukunftsprojekt von »Machern« – etwas sollte geschaffen werden! –, aber doch von sehr stillen Machern, die sich in der zu schaffenden Maschinenwelt eher wie träumerische Flaneure denn wie Herren bewegen wollten.

Sie passten eigentlich nirgendwo hin, dabei war ihre Absage an die Alten viel radikaler, viel besessener als die der Naturideologen. Sie lösten sich nicht nur von der Naturversunkenheit des weiblichen Dogmas, sie brachen letztlich – entgegen dem Anschein – auch mit allen männlichen Traditionen. Sie wollten auf eigenartige Weise weder sich selber noch ihre (weitgehend ja noch erträumten, ersponnenen) »Mittel« von irgendjemandem beherrschen oder eingrenzen lassen. Sie erfanden Maschinenträume ohne technische Rationalität. Aus diesem Grund waren ihre »Ziele«, wenn es denn welche gab, gar nicht anders als »ästhetisch«, rhetorisch oder lyrisch darstellbar. Jedenfalls nicht in Kategorien von Ehrgeiz und Effizienz. Es war ein ganz seltsam widersprüchlicher Vorgang: *Sie setzten auf Maschinen und brachen mit der väterlichen Maschinen-Vernunft.* Man könnte das, was da noch ganz ungefähr und seiner selbst noch gar nicht recht bewusst in der Mitte der 60er Jahre begann und dann in den 70er Jahren seinen ersten Höhepunkt erreichte, als eine Transformierung des Männlichen beschreiben.

Auf diese Transformierung – damit meine ich: die Bewegung weg vom maschinellen Industriezeitalter und ihren Gehorsamstugenden hin zu einer neuen Bewusstseins- und Kommunikationskultur der digitalen Zeit – kommen wir noch ausführlich zu sprechen. Ich will hier nur festhalten, dass sich Auflösung und Neubildung des Männlichen interessanterweise zunächst einmal auf die »weiblichen« Bilder der Hippie-Kultur stützte, sich möglicherweise dadurch vor dem Erbe der Väter im Bewusstsein und im Unbewussten schützte, und dann so verlief, dass sie zuerst die alten Formen männlicher Disziplin und Autoritätsprägung ablegte, und zuletzt auch die Bindung an die »große Mutter Natur« widerrief. Halten wir also fest: Etwas Neues entstand und rechnete auf die Gnade der Maschinen. Was war damit gemeint?

Gemeint war etwas sehr Ver-mittel-tes. Gemeint war ein sinnlicher und intellektueller Zustand, den es anzustreben galt, den aber weder der menschliche Körper noch die energetischen Sexualströme etwa eines Wilhelm Reich noch irgendeine andere der vielen Naturverzückungen hätten leisten können. Gemeint war ein merkwürdiges Luftbild, ein Luftschloss von menschlicher Freiheit, zu deren Erschaffung künstliche Mittel, maschinelle Prothesen und chemische Drogen benötigt wurden. Gemeint war die Selbstüberschreitung des Menschen und seiner Vernunft, gemeint war, kurz gesagt, die transhumane Kultur.

Auf solch widersprüchliche Weise begann in der Mitte des letzten Jahrhunderts ein männlicher Traum, verschwistert mit Love and Peace. Er ist bis heute nicht ausgeträumt. Inzwischen hat er die gesellschaftlichen, wirtschaftlichen, ästhetischen Realitäten unserer Gesellschaft und Kultur durchdrungen, beherrscht die Finanzmärkte ebenso wie die Erforschung der menschlichen Gene, die Erkundung des Mikrokosmos ebenso wie die Expeditionen ins All, verändert Bildung und Erziehung und wälzt die Beziehungen der Menschen in Produktion und Verwaltung, ja selbst in den Familien fortwährend um.

Es ist ein großer Traum, vielleicht ein Alptraum, der nach dreißig Jahren noch immer am Anfang steht. Der Maschinen- und Rechnertraum: Traum von der Simulation, in der die Realität verdoppelt und dann perfektioniert werden kann. Traum von der Universalität aller menschlichen Gehirne, die sich in einem gewaltigen Netzwerk vereinen und mit ihrem grenzenlosen Wissen Zielen entgegenstreben, die nicht mehr im Maß des Menschlichen erzählt werden können. Traum vom Ende der großen Legenden. Vom Ende aller Begrenzungen und aller Unterscheidungen. Von der Auflösung des Gegensatzes von Innenwelt und Außenwelt, hier und dort, Raum und Zeit, Individuum und Individuum. Ende des Logos, und damit auch Ende der Natur, zumindest der Natur in dem uns vertrauten Sinn.

Der Narziss, der Gralssucher und Ikarus – inmitten der Kommunen und Gemeinschaften »zurück zur Natur« entfalteten sie ihren verrückten Traum. Sozusagen im Schoß von Mother Earth entwarfen sie ihre technischen Computerwelten, die nichts, nicht ein Quentchen Materielles mehr gelten ließen. Wahrhaftig ein einzigartiges kulturelles Phänomen, dem bisher wenig Beachtung geschenkt wurde: Es ist ganz so, als habe die mütterlich-weibliche Ideologie der allumfassenden Natur wie eine notwendige Zwischenstufe gewirkt. Notwendig, um die Sozialisation zur Männlichkeit, die sie alle durchlaufen hatten, unter einem dicken warmen Mantel der mütterlichen Urgefühle abzustreifen. Um dann aber, kaum, nein, noch längst nicht erwachsen geworden, einen ganz anderen Traum zu träumen. Ich habe die Besten dieser Träumer in den späten 80er Jahren in Palo Alto, in den Media-Laboratorien des MIT, in den Labors von Apple wieder getroffen. Mittlerweile hoch erfolgreich, hoch angesehen, aber immer noch versponnen in die großen alten Ideen. Nicht einer war unter ihnen – jedenfalls keiner der maßgebenden, Bill Gates ausgenommen –, der nicht eine Zeit lang in den Zentren der Hippie-Kulturen gelebt und dort, fast immer unter dem Einfluss von LSD, seine ersten kleinen, verwegenen Experimente begonnen hätte, hoffend auf die Gnade der Maschinen und diese perfektionierend.

Tom Wolfe und Arthur C. Clarke gaben den hippiesken Maschinenvisionen einen literarisch-programmatischen Ausdruck. Bei ihnen und allen anderen – Stewart Brand, der Anfang der 70er Jahre seinen »Whole Earth Catalogue« zur Seite legte und vom »symbolischen Tod im Computer Bum« zu schwärmen begann, Steven Levy, der die Hacker als Lebensweise propagierte – gab es ein zentrales Motiv: die demiurgische Vision, die Idee von der Neu- und Selbsterschaffung des Menschen. Menschheitsbeglückung – zweifellos eine männliche Idee. Aber vom Menschen war schon bald nicht mehr die Rede, sondern nur noch vom Geist. Eine Spiritualität jenseits der Ich-verwobenen Individualität, sie zieht sich wie ein vereinigendes Band durch alle literarischen Zeugnisse der Hippie-Pamphlete und der Science Fiction-Autoren (noch so eine merkwürdige Gemeinschaft). Und genau so erzählt es Marvin Minsky, Direktor des Media-Laboratoriums am MIT, heute noch bereitwillig jedem Besucher. Das menschliche Bewusstsein sei ein unvollkommener Fleischkloß, das Gehirn eine imperfekte Masse, die aus der Umschlingung des Materiellen gelöst werden muss und erst in der reinen Abstraktion der Rechner zu sich selbst, also ihrer Freiheit findet. Dass diese Art Freiheit im Übrigen wieder zu einem vertieften Verständnis von »Natur« im Sinn der modernen Physik zurückführen könnte, schließt Minsky keineswegs aus. Trotzdem wird man sagen müssen, dass es kaum eine Vision hätte geben können, die sich 30 Jahre nach Hippie-Kultur und »Mother Earth« weiter vom Naturdogma entfernte.

Arthur C. Clarke schrieb 1968: »Unsere Aufgabe auf diesem Planeten besteht vielleicht gar nicht darin, Gott zu preisen, sondern darin, ihn zu erschaffen.« In demselben Interview schwärmt er davon, dass auf diesem Weg »die Entfremdung zur Natur aufzuheben« sei. Dann sei es »Zeit zum Spielen«. Die Bewältigung dieser Aufgabe erwartete er natürlich nicht von Menschen, sondern von den »ultraintelligenten Maschinen«. Sie würden die Spielzeit anbrechen lassen, die dann freilich keine Menschen-, sondern eine Maschinenzeit wäre. Zeit der Rechner und der artistisch-demiurgischen Sensationen, die sie auf dem Monitor entwerfen und damit die Kinder, die kleinen Jungen vorweg, verzaubern. Und so ist es denn ja auch gekommen. In dem Jahr, in dem Clarke seinen Artikel drucken ließ, begannen in Palo Alto und am MIT in Boston wie zuvor schon in den Räumen des Pentagon die Forscher, Ingenieure und Militärs, an der Entwicklung des Internet zu arbeiten.

3. Kapitel

Transformationen des Männlichen. Erstes Beispiel

Die neuen Männer in der Wirtschaft und das Ende der Sesshaftigkeit

Benetton zum Beispiel. Die post-ethische Werbung hat dieser Firma viel Ärger und viel Erfolg eingebracht. Postethisch nenne ich sie, weil ihre Inhalte – Aids, Kindesmissbrauch usw. – zwar ganz im Sinn der öffentlichen Moral eingesetzt wurden, aber durch die ästhetische Umsetzung der Werbebilder eine Reihe von Fragen aufwarfen. Auf eigenartige Weise war durch die exzeptionelle digitale Bearbeitung der verwendeten Fotografien eine Wirkung erzielt worden, die die Inhalte verzerrte. Jeder spürte es, obwohl es schwer zu benennen war. Da war neben der moralischen »Botschaft« eine (unbewusste) Bilddimension fühlbar, die einen dem Inhalt zuwiderlaufenden Eindruck hinterließ und bei vielen Betrachtern Kritik hervorrief.

Die Aussage war vernünftig, sie war »gut« im moralischen Sinn. Aber die Überlagerung der Aussage durch den Effekt, die Zerstörung der humanen *Diskretion* durch die effektsichere Intensivierung des Bildes verstörte. Was da mittels digitaler Technik als Vertiefung von Farben, Schattierungen, Kontrasten, Perspektiven usw. hervorgebracht wurde, hatte eine ganz eigene attraktive Wirkung, die mit den Motiven nicht zu vereinbaren war.

Die digitale Bearbeitung wirkte als Schock. Der Appellcharakter der Bildthemen verblasste hinter der artifiziellen Wucht. Aber was machte in einer bildgewohnten Umwelt diese »Wucht«, diese als gewalttätig empfundene Wirkung aus? Wir kennen die Sprache des Unbewussten nicht und können sie nicht in die Sprache öffentlicher Diskussionen übersetzen. Was die neuartige technische Ästhetik im Innersten des Empfängers anrichtet, vermochte bisher niemand klar zu formulieren. So bleibt gegenüber diesen und anderen digitalen Bildern, die das Reale perfektionieren und ihm doch den Anschein des Authentischen lassen, eine gewisse Beunruhigung, die mit rationalen Mitteln kaum erhellt werden kann. Solange wir in der öffentlichen Diskussion zu Recht daran festhalten, dass Moral und Vernunft (Rationalität, bewusste sprachliche Darstellung) nicht auseinander dividiert werden dürfen, muss die technisch erzeugte Bild-Intensität irritieren. Sie zerreißt den Zusammenhang von Moral und Sprache, Ethik und Vernunft, der Teil der abendländischen Kulturgeschichte ist. Dafür wurde Benetton öffentlich abgestraft.

Moral und das Reden über Moral will immer – wie das Gewissen – ganz auf den Grund der Dinge schauen. Sie will kontrollieren, alles! Die Werbebilder nun markieren eine Grenze der Moral-Kontrolle. Weil die tatsächliche, die unbewusst »reizende« Wirkung der Bilder schamhaft verschwiegen wird und der Sprache nicht oder nur teilweise zugänglich ist, bleibt letztlich die Kritik, die dann öffentlich formuliert wird, schwach und wenig überzeugend. Und so war man sich am Ende in der Verurteilung der Aktion einig, und Benetton hatte sein Werbeziel trotzdem erreicht.

Der Erfolg der Kampagne ist nicht zu bestreiten, Aufmerksamkeit für den Markennamen Benetton ist tausend- und millionenfach erzielt worden. Seither ist der Name an eine wirkmächtige Bildserie geheftet und mit ihr ins kollektive Unbewusste eingedrungen. Dorthin also, wo die Wünsche hausen und mit Einkäufen befriedigt werden wollen. Was will ein Unternehmen mehr!

I.
Digitalisierung und Vernetzung revolutionieren die alte Industriekultur. Erfolgsbilder des Mannes

Benetton zum Beispiel. Wieso verfiel eigentlich dieses bis dahin relativ wenig bekannte mittelgroße Unternehmen urplötzlich auf eine Kampagne, die clever und verblüffend mit den Wirkungen der digitalen Medienwelt operiert? Ein Zufall war das nicht. Es war das Ergebnis einer Veränderung innerhalb der gesamten Unternehmenskultur. Genauer: des Zergliederns, der Auflösung einer einheitlichen Unternehmensform.

Benetton hat als eines der ersten Unternehmen in Europa seine Kommunikations- und Vertriebswege digitalisiert. Es war dadurch in die Lage versetzt worden, die Produktionsabläufe von Grund auf zu verändern. Das Unternehmen hatte sich von einer homogenen Institution mit festem Sitz umgeformt zu einer Art virtuellem System, das in einem vernetzten Verbund realisiert wird.

Was heißt das?

Es heißt als Erstes, dass Benetton seine zentralen Abteilungen für Produktion und Vermarktung auflöste. An ihrer Stelle wurden selbstständige Einheiten an verschiedenen Orten gebildet oder bereits bestehende als selbstständige Sub-Unternehmen eingesetzt. Die Philosophie, die hinter einer solchen radikalen De-zentralisierung stand, erwies sich als effizient. Sie war zugleich die Voraussetzung für eine flexible Produktion und einen anpassungsfähigen Vertrieb.

Dezentralisierung und Vernetzung machten es möglich, in Vermarktung, Werbung und Logistik präzise und unmittelbar auf Veränderungen im Markt zu antworten.

Man muss sich das so vorstellen: Ein vergleichsweise kleines Sub-Unternehmen produziert Wolle und webt sie in Australien. Dazu hatte sich die Benetton-Leitung einen besonderen Coup ausgedacht, der inzwischen Wirtschaftsgeschichte ist: Die gewebten Stoffe werden in einer neutralen Grundfarbe gehalten. Erst an anderen, verkaufsnahen Produktionsorten wird eingefärbt. Wieder eine andere Produktionseinheit übernimmt Schnitt und Naht. Die Benetton-Geschäfte, ebenfalls weitgehend selbstständige Unternehmungen, ordern zeitgleich die in Produktion befindlichen Waren, und zwar in kleinen Mengen. So wird nach

Bestellung produziert und vertrieben, bei minimaler Zeitdifferenz.

Die »Klein«werbung, die die aktuellen Angebote zeigt, wird zentral produziert. Die großen Aktionen, zu denen auch die erwähnten Plakate und Anzeigenserien gehören, sind aber wieder »ausgegliedert«. Die intellektuellen und kreativen Kapazitäten, die dafür benötigt werden, sind zu kostspielig, um sie im Rahmen einer zentralisierten Unternehmensordnung permanent »vorzuhalten«. Sie arbeiten auf Abruf. Dadurch sind sie institutionell getrennt und völlig unabhängig von anderen Abteilungen, in denen eine solide Kaufmannsmentalität vorherrscht, wie sie Vertriebsexperten oder Handelsvertretern nun einmal eigen ist. Eine Fotoserie wie die eingangs genannte wäre beispielsweise niemals produziert worden, wären innerhalb einer Unternehmenszentrale alle Beteiligten in die Entscheidung einbezogen gewesen und hätte unter ihnen der kleinste gemeinsame Nenner ausgehandelt werden müssen (wie es in vielen deutschen Unternehmungen noch der Fall ist!). Innovationen sind nur möglich, wo die Unabhängigkeit der Kreativen auch institutionell gesichert ist.

Auf Benetton trifft also ein Begriff, der gerade in Deutschland zurzeit an Boden gewinnt, *nicht* zu: Das italienische Unternehmen ist keine »Unternehmenskultur«.

Benetton und andere Firmen mit einer ähnlichen Unternehmensform sind ökonomische »Systeme«, die aus der Vernetzung ihrer Teile bestehen. In vielerlei Parallelabläufen, die sich untereinander abstimmen und von keiner Zentrale aus gesteuert werden, müssen sie sich, auf selbstregulierende Weise, je nach Situation neu ordnen und optimieren: Unternehmen als Prozess.

Das Netz macht alle Wege kürzer und parallelisiert Vorgänge. Das heißt praktisch Folgendes: Unterstellen wir, das ausgelieferte matte Grau der Leinenhose findet die Gunst der Käufer nicht. Die typischen Benetton-Kunden, Kinder und Mütter, bevorzugen ein kräftiges Blau. In einem zentralisierten Betrieb würde genau in dieser Situation in der Planungs- und Führungszentrale eine aufgeregte und ängstliche Hektik eintreten. Es sind Fehler gemacht worden!

Wer eine Zeitlang in den männerdominierten Führungsetagen der Wirtschaft und des Marketing tätig war, weiß nur allzu gut, was darauf folgt! Unter den Verantwortlichen, die um ihre Haut fürchten, bricht ein ellenlanger und erbitterter Streit darüber aus, welche Abteilung mit welchen Fehlentscheidungen den Misserfolg verschuldete. Das ist nämlich gar nicht so eindeutig festzustellen, jedenfalls nicht in einem zentral gelenkten, hierarchischen System.

Wurde der Modegeschmack der jungen Familien verfehlt? Das fiele dann in die Verantwortung des Herrn X beziehungsweise in die seiner Untergebenen. Herr X hatte selbstverständlich wichtige Aufgaben delegiert. Auf welcher »Delegationsebene« sind die entscheidenden Fehler passiert? Das ist ganz und gar ungeklärt.

Was wird Herr X tun? Wird er zerknirscht beteuern, er habe sich bedauerlicherweise einen schweren Fehler zum Schaden des Unternehmens zuschulden kommen lassen und das tue ihm sehr Leid? Wird er wie ein Kind versprechen, er werde es nie wieder tun und den bedauerlichen Fehler aus der Welt schaffen? Wird er also so schnell wie möglich ausbügeln, was auszubügeln ist? Nein, genau das wird er nicht tun. Jedenfalls nicht, wenn er bei Verstand ist und weiß, wie der Laden läuft.

Er wird sich vielmehr um Fehler oder Nicht-Fehler einen Dreck kümmern und stattdessen einen Krieg an (mindestens) zwei Fronten eröffnen. Er wird als Erstes anhand von Untersuchungen, die er fix in Auftrag gibt oder vorsorglich in Auftrag gegeben hat (was hieße, dass wir mit Herrn X nach den Gesetzen eines hierarchischen Unternehmens einen cleveren und vorausschauend planenden Mitarbeiter vor uns haben, der genau auf der richtigen Position sitzt), nachweisen, dass die von ihm zu verantwortenden Farben just in der gewählten Schattierung die optimalen waren, was sich auf

Grundlage der Validität der vorliegenden psychologischen Analysen, Gruppendiskussionen, Zufallserhebungen und Pressereaktionen einwandfrei belegen lässt. Insofern nämlich, so wird Herr X fortfahren, die von ihm und seiner Abteilung zu verantwortende Farbwahl dem Zeitgeist um ein Minimum voraus war, wäre mit den Mitteln einer effektiven Breitenwerbung zweifelsfrei ein solider Vorsprung auf dem Markt zu erreichen gewesen. Leider, schließt Herr X, während er reichlich farbenfrohe Diagramme auf die Leinwand projizieren lässt, wurde diese von ihm beziehungsweise seinen Mitarbeitern eröffnete Chance nicht genutzt, sondern falsch positioniert, falsch motiviert, falsch organisiert – »ich habe das mal grafisch darstellen lassen, die nächste bitte!«: Und jeder in der Runde der leitenden Zuhörer weiß mit jedem »falsch«-Stichwort einen anderen Verantwortlichen zu identifizieren.

Der Herr Y, sagen wir unter dem Stichwort »falsch positioniert« angesprochen, startet dasselbe Manöver, und der Herr Z auch, und die Geschäftsführung muss ihre Schäfchen ebenfalls ins Trockene bringen. Und so erzeugt Hesekiel Ismael und Ismael Ruth und Ruth das Haus David. Erwähnen wir noch, dass Herr X die Verantwortung gleichzeitig, freilich mit ganz anderen Argumenten, an seine Untergebenen abschiebt, die es ihm gleichtun usw., aber das versteht sich ja von selbst.

Hier haben wir also ein schönes Beispiel dafür, wie »Streitkultur« innerhalb der »Unternehmenskultur«, Beiwerk zur »Corporal Identity«, in der Praxis ausschaut. Wir haben außerdem ein Beispiel dafür, was in einem Unternehmen mit zentraler Führungsstruktur (Corporate Identity bedeutet nichts anderes) an Kräften vergeudet wird, zumal dann, wenn es von entschlossenen, durchsetzungsfähigen Männern (und einer Frau hier und dort, deren Geschlechtsmerkmal primär und sekundär unter der Gleichförmigkeit der Bekleidungs- und Verhaltensordnung von Führungskräften nicht weiter ins Gewicht fällt) geleitet wird.

Das eben geschilderte Psychodrama, das einer Klamotte gleichkommt, ist natürlich auch das typische Drama einer Männer- und Rechthaberkultur, die im Absterben begriffen ist. Es ist einfach so, dass das ganze Debakel – einmal abgesehen von männlichen Energien, die im Rivalenkampf sozusagen autonom aufschießen und schwer zu kontrollieren sind – darauf zurückzuführen ist, dass es in einer zentralisierten Unternehmung ungemein schwierig ist, einmal in Gang gesetzte Abläufe rückgängig zu machen. Der Schaden erstreckt sich auf ein halbes oder ganzes Geschäftsjahr und ist erheblich. Für kleinere Unternehmen ein Desaster.

Ein Netzwerk bietet andere Lösungsmodelle und benötigt sie in aller Regel nicht einmal. Es kann auf kurzem Weg in parallelen Verläufen mögliche Fehler korrigieren oder sie erst gar nicht als Fehler in Erscheinung treten lassen.

Benetton zum Beispiel. Das geht so: Direkt von der Kasse des Benetton-Vertragshändlers wird die Information darüber, welche Kleidung in welcher Stückzahl vom Käufer akzeptiert oder nicht akzeptiert wird, in die Produktion X und zeitgleich in die Werbeabteilung Y und zeitgleich in die Logistik und selbstverständlich auch in die Benetton-Zentrale (zentral ist wenig geblieben) übermittelt. Man kann sich im optimalen Fall das Verfahren so vorstellen, dass gar keine Fehlentscheidungen und Fehleinkäufe usw. mehr getätigt werden, sondern in einem parallelisierten und zeitengen Konzept einer permanenten Vernetzung die Käuferentscheidungen ununterbrochen an den Produktions- und Vertriebsprozess angekoppelt werden und vice versa.

Das Angebot in den Läden verändert sich damit ständig, und das hat auch für die Kunden weitreichende Konsequenzen. Die Käufer sehen sich mit einem differenzierten und permanent aktualisierten Angebot konfrontiert. Das heisst, sie individualisieren ihre Entscheidungen in einem Maß, das in den Produktions- und Verkaufsverfahren alten Stils nicht möglich gewesen wäre. Konkret: Die Kunden entscheiden nunmehr, ob sie ein Shirt *jetzt* kaufen oder eine

Modifikation des Angebotes – es wird morgen oder spätestens nächste Woche eintreffen – abwarten. Ob sie eine Modifikation des Angebotes, die diese Handelskette aufgrund ihrer Verkaufserfahrungen anbietet, akzeptieren wollen oder lieber jene Verkaufsorganisation, die aufgrund anderer Kaufentscheidungen zu anderen Ergebnissen gekommen ist. Abwarten heißt für den Kunden nicht mehr, dass er die nächste Saison oder das Weihnachtsgeschäft oder ähnliche fixe Termine geduldig zu akzeptieren hat, es heißt vielmehr, bis morgen zu warten oder anderswo vorbeizuschauen, kurzum, wir reden von einem unaufhörlichen Kreislauf, einem System, in das Käufer und Verkäufer und Hersteller gleichermaßen eingebunden sind.

Die digitalen Vermittlungen sind die Transportmittel in diesem System. Sie sind vorwiegend symbolisch-zeichenhafter Art. Auch die Manager sind überwiegend mit Zeichen statt mit produktiven Vorgängen konfrontiert. Mit zeitflüchtigen Prozessen statt mit festen Objekten. Diese Verlagerung wird das Bild des Kaufmanns und des »Managers« der Zukunft prägen.

Die Digitalisierung und elektronische Vernetzung der Unternehmungen ist heute schon praktizierte Führungstätigkeit in weiten, wenn auch beileibe nicht allen Bereichen der Wirtschaft.

Die Prado-Region gilt als Musterbeispiel für die erfolgreiche Durchsetzung der neuen Unternehmensstrategien. Dort gelang es, mittels Dezentralisierung und Vernetzung aus einem rückständigen (und armen) italienischen Landstrich in relativ kurzer Zeit eine prosperierende Wirtschaftsregion zu entwickeln. Kaum ein Lehrbuch für Wirtschaftslehre, Unternehmensführung oder Marketing, das dem »Prado«-Wunder nicht wenigstens ein Kapitel widmet. Ich nenne noch einige andere, renommiertere Beispiele: Apple, die nach einem ruinösen Ausflug in die konservative Unternehmenspraxis jetzt erfolgreich zum dezentralen System zurückgekehrt sind und beispielsweise vom tödlichen und gefährlichen Rivalen Microsoft ihre Software beziehen (schwer vorstellbar für die Verfechter der hausgemachten »identity«). IBM, dessen Geschäftsführer in einem Interview mit der Computerwoche ungezwungen sagt, der »Sitz« seines Unternehmens sei das Internet, kein realer Ort, den man auf der Landkarte findet – und das Netz, fügt er lächelnd hinzu, sei für einen weltweit operierenden Wirtschaftsgiganten »real« genug. In dem hochrenommierten »Symposium 2000«, in dem das MIT Zukunftsszenarien der internationalen Wirtschaft vorstellt, spielt die Vernetzung vieler kleiner, unabhängiger Einheiten ebenfalls eine zentrale Rolle. Weitere Namen, nicht eben randständig: General Motors, Volkswagen, Siemens, die Dinosaurier der Industrie, sie alle sind auf dem Weg in die Virtualität des Managements und der Organisation bei gleichzeitiger Verkleinerung der Produktionsstätten.

II.
Die männliche Lust an der »Heimatlosigkeit«. Weibliche Tugenden und wirtschaftliche Zukunft

Für die Macher, die Produzenten, die Lenker und Hebelrücker innerhalb dieser Systeme bedeutet dies, dass sie, im Vergleich zu den Kaufleuten alter Art, ein gänzlich neues Lebensgefühl und ein ganz eigenes Selbstbewusstsein entwickeln. In der neueren Management-Literatur ist der zeitgemäße Führungsstil oft genug beschrieben worden. Sachkompetent und gemeinschaftsfähig, lernbereit und flexibel und vieles mehr, ich muss es nicht wiederholen, soll die Führungskraft 2000 sein. Moderne Berater und Theoretiker folgern gern daraus, dass in den Führungsgremien eine Art Feminisierung an der Zeit sei, denn die genannten Eigenschaften haben ja viele Merkmale, die Frauen zugeschrieben werden. Aber so ist es nicht gekommen, und die Prognose für die überschaubare Zukunft ist auch nicht günstig. Das hat viele Gründe. Einer davon, vielleicht der wichtigste, lässt sich so beschreiben:

Das wichtigste »Talent«, die hervorragendste Eigenschaft, die im Management virtueller Unternehmungen erforderlich sein wird (und ist), wird seltsamerweise beinahe nie genannt. Vielleicht, weil sie gar zu bombastisch klingt, vielleicht, weil sie zu tief in die psychische Innenwelt Einblick gewährt und weil Seelisches im Zusammenhang mit Führungseigenschaften immer noch leicht dubios klingt. Wie auch immer, entscheidend ist es trotzdem: Der Manager, der Geschäftsmann, der Groß- oder Kleinunternehmer der Zukunft *muss vor allem anderen eine Begabung zur Heimatlosigkeit haben*.

Er muss sich in den ortlosen Netzen, in diesen schwebenden, sich selber regulierenden Systemen ohne Zentrum, ohne Zentrale, ohne corporate identity und ohne sonstige Identitätsstützen einrichten, mehr noch: Er muss sie positiv empfinden, bereichernd, bestätigend. »Nicht Zuhause«, nirgendwo, sondern in Grenzbereichen sich aufhaltend, in permanenten Übergängen, von einer Arbeitsform auf die andere überleitend, trans-mittierend, grenzauflösend – das ist es, was auf der kommunikativen Ebene ebenso wie auf der intellektuellen vom modernen Wirtschaftsmann gefordert wird. Es kann gar nicht anders sein.

Wer an seinem Heimatort hängt, wird sich nie daran gewöhnen, dass es verschiedene Orte rings um den Globus geben soll, an denen er im gleichen Maße präsent sein muss. Dazu gleich eine kleine Sottise: Das niedersächsische Kultusministerium hat im Sommer 1999 in seltener Offenheit darüber geklagt, dass die Besetzung von Lehrerstellen so schwierig sei, weil sich nur sehr wenige Lehrer bereit fänden, von einem Ort zu einem anderen zu ziehen. Auch nicht für den Lohn einer dauerhaften Anstellung. Sie lieben die Beständigkeit, das behauste Dasein, wie die deutschen Philosophen der Nachkriegsjahre gern sagten. Den Schutz der Gewohnheit. Einen entfernteren Gegenpol zu den

Anforderungen moderner Wirtschaftsordnungen kann man sich gar nicht vorstellen.

Heimat, das Wort selber wird zum Klischee – weniger, weil sich hinter der heimischen Idylle, wie jeder Agatha-Christie-Leser und Miss-Marple-Fan weiß, Abgründe verbergen, sondern weil *das Heimat-Gefühl selber, das wohlige, eine Kompetenzbegrenzung darstellt, die sich in Zukunft kaum noch einer leisten kann.*

Die elektronischen Medien mit ihren rasanten Symbolordnungen reißen alles Orthafte auf und versetzen es in den ihnen eigenen Zustand der puren Bewegung. Der Geschäftsmann von morgen, und weitgehend der von heute schon, wird ohne die traditionellen Sicherheiten, Sicherungen im Selbstkonzept auskommen müssen. Früher ähnelten Büroetagen der Geschäftsführer Befehlszentralen. Die gibt es nur noch beim Militär. Vieles von dem, was früher eine mittlere und gehobene Führungskraft den Alltag überdauern ließ, wird obsolet. Die Präsentationen des eigenen Status etwa (man kennt die Streits mittlerer Führungskräfte um die Größe ihrer Büros – nicht nur mittlerer!), die Anerkennungen, die man im stabilen Kontaktverbund der engsten Mitarbeiter und Untergebenen erhielt oder erzwang, ein dauerhaftes soziales Milieu, in dem die beruflichen Erfolge gewürdigt und bewundert werden – das ist alles nur noch zweitrangig, teilweise entfällt es ganz.

Dies waren ja die Identitätsstützen, die für die – männliche – Führungskraft der 70er und 80er Jahre selbstverständlich, für die 90er Jahre schon überholt waren und dennoch ängstlich beibehalten wurden. In 2000 und kommenden Jahren werden sie nicht mehr möglich sein. Natürlich werden die alten Führungskräfte ihre Hierarchien noch eine Zeit lang verteidigen, sie werden ihre Kontaktsysteme mobilisieren. Sie werden alle Machtmittel auf den Plan rufen. Alles, was jeweils im Einflussbereich ihrer zersplitternden Macht aufzubieten ist, werden sie aufbieten. Natürlich – denn noch nie wurden traditionsgewordene geronnene

Strukturen ohne Kampf aufgegeben, noch nie gab es in der männlichen Kulturgeschichte eine einzige Umwälzung dieses Ausmaßes, die ohne Blut, Schweiß und Intrigen ablief – wenn es auch in unserer auslaufenden zivilisierten Jahrtausendkultur nur das Blut der Kränkung, der bleiche Schweiß der Entmachtung, nur die Intrige um Geld und Ansehen sein werden (Geldmacht ist Zirkulationsmacht und damit fast immateriell, sie muss ohne Heerscharen auskommen!).

Da zeichnet sich im Wirtschaftsleben ein Kulturkampf ab, der mit Verbissenheit geführt werden wird. Aber anders als andere Kämpfe ist dieser schon entschieden, bevor er richtig anfängt. Die Statusdenker und Besitzverwalter in den Führungsgremien haben keine Chance. Sie werden aus dem unwiderruflichen Prozess der Abstraktifizierung des wirtschaftlichen Geschehens ausgegrenzt. Ihre Machtmittel sind heute schon überholt. Sie verstreuen geradezu den Charme, den eine Haubitze hat, wenn sie gegen Kampfjets antritt. Früher war sie tödlich-bedrohlich, heute »charmant«.

Was für die älteren Herren der Führungsetagen und noch mehr für die freundlichen älteren Herren Abteilungsleiter gilt, die sich damit abzufinden beginnen, dass sie mit ihren Einstellungen, Haltungen, Fähigkeiten und Beharrlichkeiten auslaufende Lebensmodelle verkörpern, das gilt in gleichem Umfang für Frauen. Vielleicht nicht für *die* Frauen, aber für viele; es gilt für eine in den Unternehmungen sichtbar gewordene Frauenkultur. Sie ist eine eigenartige Symbiose mit den Gewohnheiten der eben erwähnten älteren Herren eingegangen, die sich bis ins Detail erstrecken. Niemand vertrat und vertritt das hierarchische Führungsprinzip mit solcher Vehemenz wie die Sekretärin des autoritären Chefs. Niemand zeigt so viel »Präsenz« und ist vom Arbeitsplatz kaum wegzukriegen wie manche weiblichen Mitarbeiter. Niemand ist so am Innenleben einer Firma, als sei sie eine Familie mitsamt dem zugehörigen Klatsch und Kaffeetratsch, so interessiert wie ein bestimmter Typus Frauen.

Diese typologische Reihe lässt sich fortsetzen. Natürlich befindet sie sich, wie jede Verallgemeinerung, hart am Rande des Klischees, natürlich gibt es Ausnahmen, und natürlich lassen sich solche Typologien schlecht statistisch erheben! Aber jeder, der einen Teil seines bewussten Lebens in Wirtschaftsunternehmungen zugebracht hat, weiß wovon ich rede. *Jeder*! Man muss es sich nur zu sagen trauen.

Wie die »älteren Herren«, so wird auch diese »Frauenkultur« aus dem Wirtschaftsleben verschwinden. Auch für Frauen ist, was ihre berufliche Zukunft angeht, eine »Transformation« angesagt. Sie zeigt sich aber nicht. Stattdessen dominieren immer noch die weiblichen Tugenden in Gestalt der »erfolgreichen Sekretärin«. Sie funktionieren, so lange die alten Herrentugenden funktionieren. Nur: Diese sind am Ende.

Die Unternehmungen ohne festen Sitz im virtuellen Verbund werden einen Managertypus erzwingen, der die eigenwillige, selbstbezügliche Symbolsprache der vernetzten Systeme zu entziffern versteht. Der sie versteht, weil er in den Kreisen und Unwägbarkeiten der Informationssignale »zuhause« ist – mit allen Sinnen und der Ordnung bzw. Unordnung seines Verstandes. Der begreift, dass unter den vielen Informationen und Signalen, die auf ihn zukommen und aktuelle Entscheidungen von jetzt auf jetzt verlangen, nicht eines ist, das allein auf der Grundlage stabiler Orientierungen, verlässlicher Planungen oder dauerhafter Absprachen entschieden werden kann. Er, der Manager, muss, will er erfolgreich sein, wie die Symbole im Netz ortlos und veränderlich agieren. Er muss gleichsam mitschwingen in den ständig auseinander fallenden und sich neu focussierenden Prozessen, denen nicht mehr er, wie der Unternehmer alter Art, seinen Stempel aufdrückt, sondern von denen er selber getragen wird, wenn es gut geht: an ein akzeptables Ziel.

III.
Über Karriere und Kommunikationen. Der Charme des Überholten

Die Bewältigung solcher Informations- und Entscheidungsverkettungen ist mit den Worten Flexibilität oder Kommunikation nur unzureichend beschrieben. Es fällt überhaupt auf, dass die »weichen«, kommunikativen Schulen der neueren Managementliteratur die Vorgänge des digitalen Kapitalismus nicht verstanden haben – jedenfalls haben sie keine Verhaltenslehre, keine Typenlehre entwickeln können, die den Man-Ager 2000 realistisch beschreibt. Just auf diese »weichen« Lehren aber stützt sich auch die »weibliche« Karriereplanung.

In wer weiß wie vielen Büchern und Trainings- oder Beratungsvorlagen wurde und wird uns vorgeführt, dass gerade die moderne Unternehmenskultur eines weiblichen Führungsstiles bedürfe – eben eines harmonisierenden, kreativ-zusammenführenden, kommunikativen Stils. Von Beziehungsenergien, die der Männerkultur so brutal fehlen, spricht etwa Gertrud Höhler, von den Kosten der sinnleeren männlichen Rivalitäten und dem Preis des Stress', den der Einzelne ebenso zu entrichten habe wie der Betrieb als ganzer. Sie nennt es »Minus-Power«. Und Recht hat sie, immer dann, wenn sie sich gegen die alten starren »Hierarchiker« wendet. Nur ist eben der Schlüssel, der in das Tor der wirtschaftlich-kommunikativen-medialen Zukunft passt, damit nicht benannt.

Der sieht ganz anders aus. Auf eine Formel gebracht: Die Betonung des Kommunikativen in den Führungslehren der 80er Jahre setzte ein stabiles selbstreflexives Ich voraus. Das war das klassische Ich des Bürgertums, der Spätaufklärung. Wir finden es in dicken Büchern über alte Familien, bevorzugt Kaufmannsfamilien, dargestellt: Das aufgeklärte Ich, es wirkt immer sehr sympathisch, sehr verlässlich, sehr seriös. Buchstäblich alle Kommunikations- und Karrieretheorien von Rogers bis Dale Carnegie, die in den 50er und 60er Jahren aufkamen und in den 70er Jahren richtig populär wurden, hantieren mit diesem Ich-Modell. Das ist alles sehr charmant, ungefähr so wie die eben erwähnte »Haubitze«: Es hat den rührend-hilflosen Charme des Altvorderen. Man hört geradezu das betuliche Knattern eines Zweitaktmotors, während die Reise selber schon nicht mehr im Rennwagen vonstatten geht, sondern mit elektronischer Eile durch die Raum- und Zeitleere der Netze führt, mitten hinein in das kommende Jahrtausend.

Ich will damit sagen: So angenehm uns die progressiven Kommunikationsmodelle auch anmuten, die von der Verhaltenspsychologie in die Managementlehren hinüber transportiert wurden und die in ihrer letzten Fassung also zur Begründung weiblicher Ansprüche an Karrierepositionen herhalten müssen, sie haben von den Umwälzungen in geistigen, rationalen und seelischen Bereichen, die der Start ins digitale Zeitalter erfordert, rein gar nichts begriffen. *Dort werden die Fundamente des alten Ich soeben weggeräumt.*

Was im Abendland im Zuge der Aufklärung als bürgerliches »Ich« aufkam, war schon immer mehr Ideal als Wirklichkeit. Es hat in den übergreifenden Symbolstrukturen der globalen Wirtschafts- und Zivilordnungen keinen Platz mehr. Denn diese verfahren mit den beengenden Produktionsverhältnissen, den nationalen politischen Systemen, den regionalen Ordnungsvorstellungen und den zu ihnen gehörigen gesellschaftlichen Würdenträgern genau so unerbittlich und rücksichtslos, wie es Karl Marx von den großen Industrien bei der Entfaltung des Kapitalismus beschrieben hat. Kein Stein bleibt auf dem anderen. Kein Baustein des Psychischen, des Ethischen und Kulturellen bleibt, wo er war. Wer sich auf die alten Fundamente stützt, stützt sich auf Illusionen und stürzt ab.

IV.
Der Manager als Narziss.
Über Verantwortung, Familien und andere Lebensperspektiven im digitalen Kapitalismus

Der Mann im Wirtschaftsleben – auch seine private Existenz muss ortlos sein. Er ist in gewissem Sinn immer auf dem Sprung. Immer bereit, zu gehen, die Seiten zu wechseln. Wo er funktionieren kann und damit Erfolge (große oder bescheidene) in Aussicht stehen, dorthin wird er gehen. Die Frage nach der »Authentizität« seines Handelns kann er nicht stellen, er darf es auch nicht. Rücksicht darf er bei seinen Entscheidungen niemals nehmen, auch nicht auf sich selber, schon gar nicht auf Familie oder Kinder. Es ist kein Zufall, dass die jüngeren aufstrebenden Männer ohne Frauen und Kinder sind oder sie hinter sich gelassen haben (oder gerade mal einen Tag im Monat vorbeischauen). Bindung ist in diesem Kontext unerträglich, das liegt auf der Hand. Bindung jeder Art.

Der Manager ist immer auf dem Absprung, darauf bedacht, rechtzeitig den Ort und das Projekt zu wechseln, die Seiten zu wechseln, wenn ihm seine wache Intuition sagt, dass das System aufhört, ihn freundlich zu tragen, und ein Absturz droht. Nichts fürchtet der Narziss mehr, wie wir im ersten Kapitel gesehen haben. Also wechselt er mit der gelernten Schnelligkeit und Bereitwilligkeit das Projekt, die Seiten, die Mitarbeiter. Er ist darauf trainiert, ohne Verlässlichkeiten auszukommen, und eben dies, er weiß es, kann ihm die Existenz retten. Aus welchem Grund sollte er also bleiben? Ein System ist wie das andere. Die Funktionen sind gleich, nur die Etikette nicht. Es kann in den vernetzten Branchen durchaus passieren, dass ihn ein Seitenwechsel zum Schluss wieder in den selben Kreis einführt, den er vorher verlassen hat. Man wird ihn willkommen heißen!

Schon heute klingen im Privatleben Begriffe wie Treue leicht angestaubt, im Wirtschaftsleben sind sie synonym mit

Unbeweglichkeit. Gestern kooperierten wir als Partner, heute als Konkurrenten, der Unterschied ist gering. Früher waren Arbeiter und Wirtschaftsführer stolz darauf, ein Leben lang einem Betrieb, einem Firmennamen zuzugehören, das trug ihnen den Respekt ihrer Umgebung ein. An nichts kann man den Wandel, den das wirtschaftliche Leben in den letzten 20 Jahren durchgemacht hat, besser ablesen als daran, dass eben diese Treue und der ihr bekundete Respekt verschwunden sind. Der moderne Mann der Wirtschaft, in hohen und mittleren Funktionen, ist hochindividualisiert und immer »freigesetzt«, egal, in welchen Zusammenhängen er gerade tätig ist.

Es ist gar nicht leicht zu beschreiben, wie die inneren Zustände eines Menschen angesichts seiner radikalen Austauschbarkeit aussehen. Es ist gar nicht leicht, plausibel zu machen, warum diese reine freie Bewegung in den Systemen so verführerisch ist. Einiges habe ich zum Charakter des männlichen Narziss' angedeutet. Da ist ein Kältewind, der immer spürbar ist und der für viele Männer, auch für mich, einen Anklang an Freiheit hat. Eine männliche Idee von Freiheit: Aufbruch, immer wieder!

Selbst die Benennung eines Zieles, falls sie zu präzise, zu verbindlich, zu endgültig ausfiele, würde dieses Gefühl von Weite beeinträchtigen. Deswegen spricht man heute statt von Zielen lieber von Visionen. Die sind *ungefähr*.

In vielen Computerspielen, in denen sich kleine Jungen in diese Zukunft hineintrainieren, gibt es schon keine Sieger und Verlierer mehr, das Spielsystem selber ist an die Stelle eines fixierten Zieles getreten. Ich kämpfe und siege, ich dringe vor und unterliege, die Zeichen erlöschen und flammen neu auf, ein neues Spiel mit einem anderen Spielverlauf beginnt, und alles hat keinen Anfang und kein Ende, nur das Rotieren der Aufmerksamkeiten in einer kontingenten Erlebniswelt, die mich eben deshalb immer tiefer in sich hineinzerrt. Wer diese selbstvergessene Konzentration nicht aufbringt, stürzt schnell ab. Eine Sekunde genügt. Einen einzigen Moment gefragt: Will ich überhaupt weiter spielen? – schon ist man vernichtet und draußen. Sofort. Dann ist es schwer, zurückzukommen (vgl. dazu das folgende Kapitel).

In der Wirtschaftsrealität, so wie sie heute in rasanter Ausweitung begriffen ist, auf den Finanzmärkten und bei schnellen Transaktionen, ist es nicht anders. Ein Moment des Zögerns kann eine Existenz vernichten. Einen Tag lang gefragt, was mein Wunsch und Wille wohl wäre, wenn es einmal nicht nur der Wille sein sollte, von diesem System getragen und immer weiter getragen zu werden – und es kann passieren, dass ich schon ausgeklinkt, ausgeschieden werde. Das digitale Kommunikationssystem ist eifersüchtig. Es kennt letztlich nur ein »drinnen« oder »draußen«. Nichts stigmatisiert in dieser Funktionswelt ohne Bindung so sehr wie das Etikett des Zögerlichen, dessen, der nicht »on the spot« präsent ist. Getragen werde ich von diesen vernetzten Kontakten nur, solange ich darauf vertraue, dass sie mich tragen. Das hat etwas von Glaubenssystemen der alten Religionen. Unsicherheiten duldet das System nicht. Die Lust am Risiko wird hoch veranschlagt, aber es muss natürlich eine positive Lust sein. Ich muss geradezu auf eine realitätsleugnende Art immer wieder *sicher* sein oder wenigstens erscheinen, dass ich über dem Risiko stehe. Obwohl ich es doch kaum vernünftig abmessen kann. Risiko aus Verzweiflung, den Mut der Verzweiflung wittert das System und lässt mich fallen. Vielleicht machen meine Impressionen ein wenig deutlich, dass diese Form der wirtschaftlichen Ordnung die persönliche Existenz zutiefst durchdringt. Sie duldet keinen Rest des Privaten.

Der moderne Manager prahlt damit, dass er morgens bei der ersten Tasse Kaffee seine Börsendaten abruft und Bescheid weiß. Jede wache Stunde ist er »konnektiert«, angeschlossen, on the wire, »auf Draht«.

Früher kannte man in der Sozialtheorie den Begriff des »subjektiven Faktors« und meinte damit die menschliche Verfassung, die immer ein wenig anders, immer widerspenstig und korrigierend in das laufende objektive gesellschaftliche oder staatliche Geschehen eingreift. Der digitale Kapitalismus hat diesen »Faktor Subjekt« weitgehend abgeschafft. Die Differenzen sind eingeebnet.

Meine Erfahrung war, als ich in den 80er Jahren, also als diese Entwicklung am Anfang stand, für einige Jahre in die Werbewirtschaft eintauchte, schon so, wie sie mir heute von Handelsvertretern bis Spitzenfunktionären berichtet wird. Ich will es nur von mir selber sagen, meine aber viele, die heute in der Wirtschaft große und mittlere und kleine Verantwortung tragen: Ich war gern ein »ortloser Mensch«. Ich lebte am liebsten ohne festen Besitz, ein gutes Konto reichte mir. Ich wachte gern in fremden Städten auf und genoss sie, wie ein Vorübergehender. Jeder Luxus war mir angenehm, aber ich wollte nichts davon festhalten.

Meine persönlichen Verhältnisse waren genauso beschaffen. Es gab viele Begegnungen, darunter faszinierende, Begehren weckende. Aber nicht eine, die man Liebe nennen könnte. Schon das Wort wirkt umständlich und albern in solchen Lebensweisen.

Liebe als Zitat, als ästhetisches Dekor, vielleicht um Gefühle zu steigern, zu inszenieren, das schon, aber »Liebe« als Festhalten, als Dableiben? Als Nie-Wieder-Fort? Da gäbe es nur die eine Konsequenz: dieses Wirtschaftssystem zumindest in den wichtigeren Positionen zu verlassen. Das jedoch fällt schwer. Die flexiblen Ordnungen des digitalen Kapitalismus lösen menschliche Bindungen auf. Machen sie aufgebbar, ersetzt durch ein Überangebot von *verschiedenen* Bindungen, gleichzeitig.

Alles, statt nur dieses eine. Das ist attraktiv. Gibt es nicht für *jede* Art der Leidenschaft – und trägt man nicht viele in sich? – eine ideale Partnerin? Gibt es nicht für jeden Wunsch eine besondere, perfekte Erfüllung? Aber doch niemals für alle Wünsche nur eine einzige Erfüllung. In der digitalen Welt ist solches Denken nach dem »Einen« ganz unangemessen. Geradezu lächerlich!

Mit Beschränkungen kann sich die in dieser Ordnung ausgebildete unersättliche Psyche nicht abfinden. Sie bricht aus. Sie muss es tun und kehrt aufatmend aus jeder Bindung in die Offenheit ihres Berufssystems zurück. Das ist mehr als Beruf, es ist Lebensordnung. Das hochgradig narzisstische »Alles ist möglich...«, alles liegt noch vor mir, ist hier fortlaufende Realitätsversprechung geworden. Ich habe immer wieder eine Chance. Das Leben fängt immer wieder neu an. Und der Ausgang ist jedes Mal wieder offen.

Das tote Leben mit den traditionellen stabilen Karrieren, mit der Verbissenheit einer vorgefertigten Karriere*leiter*, bei der ich, selbst wenn ich sie glücklich erklimmen sollte, am Ende immer nur bei dem ankomme, was ich von Anfang an schon kannte – für den jungen männlichen Erwachsenen, der in der digitalen Lebenskultur aufgewachsen ist, handelt es sich hierbei um eine erschreckende Perspektive. Er ist mit narzisstischen Medienerlebnissen gleichsam von Kind auf gefüttert worden. Wie sollte ihm solche Sesshaftigkeit attraktiv erscheinen?

In sesshafte Lebensperpektiven passen die dauerhafte Liebe, die Familie auf Lebenszeit, die Kinder, die sich an mich hängen und mich mit Stolz erfüllen. Genugtuung. In solch einer Perspektive schon! Aber in die Offenheit, die turbulente Offenheit der wirtschaftlichen Zukunftsordnung passt dies nicht.

Darüber wird wenig gesprochen, wie ein Tabu hängt die Tatsache, dass die viel proklamierte neue Ordnung der Wirtschaft unverträglich ist mit sozialen Bindungen aller Art, über der gesamten Diskussion.

Dabei liegt es auf der Hand: Diese Ordnung stimuliert seelische Vorgänge, die keine Beeinträchtigung ihrer unermüdlichen Spontaneität dulden. Und sie baut darauf. Sie benötigt diesen Typus Mann. Für diese fein gewebte, verschlungene und dabei extrem dynamische Ordnung ist er Stoff von ihrem Stoff.

Die neue Wirtschaftsordnung hängt an medialen Systemen und reduziert das Körpergefühl, sie setzt eine besondere Form der funktionalen Intuition frei. Sie reduziert Verantwortung und stellt eine intensive Risikobereitschaft an ihre Stelle. Sie wirkt allen sozialen Institutionen, vorweg der Familie, in der beschützt und gehütet werden muss, entgegen. Es kann gar nicht anders sein.

Der Mann als Narziss, als Flieger, der fort will und sich darauf beruft, dass er fort muss, ist der Träger dieser neuen Ordnung. Ohne ihn und ohne seine seelische Not könnte diese Wirtschaftsordnung nicht existieren. Sie benötigt ihn. Sie zieht ihn heran. Sie tut es jetzt schon, und sie steht erst ganz am Anfang.

4. Kapitel

Transformationen des Männlichen. Zweites Beispiel

Erst kamen die Spiele, dann die Wirtschaft

I.
Der männliche Geist ist mithilfe von Wissenschaft und Technik auf der Suche nach sich selber. Er erschafft einen Über-Geist. Oder: »Was sagt denn Ihre Frau dazu?«

Am Anfang ist die Tat, resümiert Faust, nachdem er in einem langen, vergrübelten Monolog zu ergründen versucht hatte, was die Welt im Innersten zusammen hält. Dieses christlich-humanistische Selbstverständnis ist uns bis heute erhalten geblieben. In allem, was wir tun, wollen wir etwas Ganzes, etwas Vollendetes schaffen. Dieses Ideal steht uns immer vor Augen, mag auch die realistische Ausführung noch so begrenzt, noch so bescheiden sein. Der Idee nach ist alles, was wir tun, »Schöpfung«. So groß und hochfahrend denken wir, Erben der bürgerlichen Aufklärung, über unser bewusstes »Ich«.

Als der Mann der Renaissance aus dem Kon-Text der göttlichen Schöpfungsgeschichte heraustrat, zahlte er für seine Verwegenheit einen hohen Preis. Die Natur wurde ihm fremd, da nun kein versöhnender Schöpferwille beide, Mensch und Natur, mehr umschloss. Die Natur wurde nunmehr anhand empirischer (menschlicher) Erfahrung durchforscht, und die dabei gefundenen Naturgesetze waren so unverlässlich, wie die menschliche Wahrnehmungserfahrung eben ist. Natur war fortan »das Andere«. Sie musste beherrscht werden. Auch das Weibliche wurde der Natur zugerechnet, der Mann erhob sich mit seinem forschenden Geist auch über sie.

Im Zuge der Naturbeherrschung wurde der entdeckende Mensch aus dem Zentrum der Schöpfung verstoßen. Die

Fernrohre aus den holländischen Glasfabriken zeigten und die Physiker bewiesen ihm, dass er nur ein gefährdetes Staubkorn auf einem Planeten ist, der am Rande des Universums schwebt.

Die Vertreibung aus der Mitte der Welt setzt sich in der Neuzeit bis in die Gegenwart hinein fort. Die Naturwissenschaften machen deutlich, dass eine minimale Verschiebung im Kosmos das Menschengeschlecht unmöglich gemacht hätte. Das Fehlen eines einzigen Metalls, eines Spurenelements, das nur in winzigsten Teilen existiert, hätte ausgereicht, um die Komplexität der Natur und des Menschen zu zerstören. Gottes Plan doch ein Würfelspiel? Ein Kosmos, der erst am Ende einer unendlichen Verkettung von Zufällen den menschlichen Geist und Willen hervorbringt und diesem nur, weil er aus ihm hervorgegangen ist, vollkommen erscheint?

Und was, wenn der menschlich-männliche Geist sich anschickt, über sich selber hinaus zu denken? Wenn er beginnt, die einzelnen Teile der Schöpfung in immer kleinere Einheiten zu zergliedern, zu analysieren? Dann steht dem ruhelosen Denken vollends keine beheimatende Schöpfung gegenüber, sondern eine Reihung, eine Kette von Informationen, die sich in höchst komplizierter, aber keineswegs notwendiger Weise zueinander verhalten. Das ist der Stand der Kenntnisse, teils der Spekulationen, die am Anfang der Schaffung digitaler Medien und künstlicher Intelligenzen standen. Der Zusammenschluss einer Information mit einer weiteren und einer dritten – ihre Synthese – führt zu neuen Informationen, und so immer weiter. Der Geist entdeckt in der Analyse sich selber als Synthese von Informationen inmitten einer Unmenge von weiteren (bekannten und unbekannten) Informationen, die sich unaufhörlich synthetisieren und wiederum Informationen bilden.

Das autonome und aufgeklärte »Ich«, als säkularisierter Schöpfer ausgerufen, schrumpft zu immer geringerer Geltung. Es ist nach den neuen Einsichten nicht Ursprung, sondern Folge eines Prozesses, der möglicherweise keinen Ursprung, keinen Beginn hat. Das christlich-humanistische Ich-Bewusstsein erkennt, dass es nicht in Gottes Hand und nicht in sich selber ruht.

Die Informatik, die neurophysiologische Gehirnforschung und die Hermeneutik haben die Fiktion des einheitlichen Ich zerstört. Das Ich der Neuzeit erscheint als ein Produkt der Zusammenfügung von Informationen. Die Neurobiologie und die Gehirnforschung, durch bildgebende Apparate in der Genauigkeit ihrer Beobachtungen enorm bereichert, bestätigen diese Befunde. Das bewusste Denken (also auch das »Denken« eines einheitlichen »Ich«) ist ein Kreuzpunkt von Informationen, die sich verketten und synthetisieren und dabei wiederum Teil eines globalen Ganzen sind, das aus zahllosen Ich-Kreuzpunkten zusammengefügt (com-puterisiert) ist, die immer neue, immer höher entwickelte Synthesen bilden – das Ich ist in diesem Modell nur eine Teilinformation.

Eben dies ist die Kränkung, die jetzt, zur Jahrtausendwende, auf den menschlichen Geist wartet: Er soll einsehen, dass er mit seinem Wissen nur Teilfunktion eines vernetzten Ganzen ist. Das menschliche Ich-Bewusstsein ist aber so angelegt, dass es sich selber immer nur als Ganzes, als Vollständiges interpretieren kann (so wie es seine Handlungen immer auf ein Ganzes, letztlich Vollkommenes hin anlegt). Je verdichteter nun jedoch der Einfluss der Informations- und Transfermedien auf das jeweils individuelle Schicksal sein wird, desto deutlicher wird die neueste »Kränkung« ins Bewusstsein treten. Wir sind wieder nicht »Herr im eigenen Haus«.

Zuerst hat uns die Astrophysik aus der Mitte des Kosmos verstoßen, dann war es die Psychoanalyse, die dem »Ich« mitteilte, es sei »Diener« und nicht der »Herr« der Triebströme, die in ihm fließen und das Ich erst *erzeugen*. Heute ist es die ineinander gewirkte Vernetzung von Wissen und Kommunikation, die unaufhörlich einem dynamischen

»Weltwissen« entgegenstrebt, das dem einzelnen Bewusstsein niemals vollständig begreifbar ist.

Das Internet, der Zusammenschluss der Informationen aus Millionen Computern und ihr Rücklauf aus dem Netz in die Computer ist eine Art Artefakt, an den unser Wissen angekoppelt ist. Die Fülle der Daten, nein, die chaotische Masse von Daten ist unübersehbar. Wir können sie weder als Einzelne noch als Institution ordnen, sortieren, wir können sie nicht einmal zählen – es sei denn mit digitalen Apparaten, die wiederum an den Netzapparat angeschlossen sind. Wir haben keine Form des Wissens, keine Organisation des Wissens, um die Datenmenge auf vernünftige Art zugänglich zu machen. Das Wissen ist immer weiter, als der Mensch weiß. Das ist der Zustand jetzt schon. Heute schon. In diesem Augenblick. Die Maschinen wissen mehr.

Noch nie ist in der Geschichte des männlichen Geistes der Prozess der Wissensherstellung in solcher Weise durchsichtig geworden. Wir schauen den Informationen bei ihrer Entstehung zu, können sie aber schon nicht mehr erfassen. Wir wissen mehr als je zuvor von Metastrukturen des Wissens, können sie aber fast nicht mehr sinnvoll einsetzen. Das ist aus dem Schöpfertraum geworden. Der männliche Geist, auf Abstraktion gepolt und als »Schöpfer« aufgebrochen, endet im »Tohuwabohu«.

Dies fordert uns auf eine ganz neue Weise heraus. Unser durchschnittliches Bewusstsein bleibt hinter solchen Herausforderungen hoffnungslos zurück. Wenn wir uns in unserem Alltag und unseren Alltagsgesprächen umhören, dann ist dort die Rede von Beziehungskultur, oder davon, dass der Körper und seine Langsamkeit wieder gefunden werden müssten, von der Besinnung auf Natur oder auf »Ganzheiten« esoterischer Art – kurz, unser Bewusstsein hat sich von den wirkmächtigen Vorgängen der Gegenwart weitgehend abgekoppelt. Wir möchten bitte nicht damit belästigt werden! Die gesellschaftliche, wirtschaftliche und politische Macht wird eben jetzt neu verteilt, und die intelligenten Maschinen sind an entscheidender Stelle dabei im Spiel! – Und wir? Wo sind wir mit unseren Gedanken?

Der menschliche Geist, der in und mit den neuen Medien und Übertragungsapparaten denkt, sucht seine Freiheit. Allerdings nicht die des »Ich«, sondern die des Geistes als globaler Verbund aller erreichbaren Informationen (und jeder Verbund ist in seiner Substruktur wiederum eine Information in einem unaufhaltsam weiterlaufenden Prozess). Es gibt keine Geschlossenheit des Geistigen in dieser Art der Selbsterzeugung des Menschen, so kann es auch kein einheitliches, in sich schlüssiges »Ich« geben, das an diesen Prozess gekoppelt ist.

Der menschliche Geist produziert sich selber, schaut seiner eigenen Entstehung zu und riskiert damit, wie nie zuvor in der menschlichen Geschichte, den Sprung in das Unvollendete, die Nicht-Schöpfung. Alles ist immer wieder neu und ist Anfang und Ende. Der Geist ist frei. Und vielleicht schon wieder in einer neuen babylonischen Gefangenschaft.

Was den Militärs, die als Erste im Besitz des männlichen Geheimnisses waren, wohl nicht aufging – sie dachten nur in den Kategorien von Vernichtung, also der Umkehrung der Schöpfung –, das war den Utopisten, den Fiktionären, den Schreibern und Spinnern, die am MIT und in Palo Alto und anderswo hausten und kaum beachtet wurden, von Anfang an bewusst: Die Selbsterschaffung des Geistes würde auf Kosten des selbstherrlichen »Ich« gehen. Marvin Minsky hat vom menschlichen Bewusstsein schon in den 60er Jahren in informationellen und konstruktivistischen Kategorien gesprochen (respektvoll übrigens, aber den Humanisten erschien seine Rede- und Schreibweise abfällig). Das Schöpfertum geht von Gott auf die informationserzeugenden und -speichernden Maschinen über, das ist die gemeinsame Überzeugung der Männer, die an der Herstellung einer universalen Intelligenz arbeiten. Unser bewusstes

»Ich« (das schon Freud ein »armes Ding« nannte), spielt in diesen Übergängen eine sehr untergeordnete Rolle.

Der gesunde Menschenverstand, der meint, ihm könnten die Veränderungen nichts anhaben, wenn er nur ganz im Kleinen und Bescheidenen bliebe, irrt. Auch wer die Weltprobleme auf die schlichte Frage reduziert, ob für ihn »Bauch und Kopf« im Einklang seien, ob er seine Bedürfnisse in ausreichendem Maße erfüllt bekomme und ob er oft genug »ich« sage, wird von ihnen und von den geistigen Krisen, die ihnen folgen, eingeholt. Xanthippe, die für den lebensuntüchtigen Sokrates die Suppe kochte und die abstrakte Philosophie beschimpfte, wäre auch heute noch ein unerträgliches Weib. Aber anders als die antike Xanthippe würde sie heute außerdem sich selber und den Mann restlos ruinieren. Xanthippe existiert immer noch. Sie hat nur neue Kleider angezogen, posaunt neue Ideologien und hält es schon für den Ausdruck ihrer Freiheit, dass sie sich geschworen hat, nie wieder irgendeinem Mann eine Suppe zu kochen.

II.
Demiurg im Kinderzimmer.
Wenn kleine Jungen spielen: Es splittert, ballert, explodiert. Wie intelligente Welten entstehen.

Unsere Kinder spielen die »informationelle Schöpfungsgeschichte« nach, wenn sie ihre Lieblingsspiele in den Computer einlegen. Ihre Spielwelt ist aufgelöst in zahllose Informationen, zu denen sie sich schrittweise Zugang verschaffen – wohl wissend, dass ihnen immer nur ein Teil der Informationen zugänglich ist. Auf der Grundlage der ausgewählten Informationsdaten treffen sie jeweils ihre Entscheidung über den nächsten Schritt, den sie gehen, die nächste Bewaffnung, die sie wählen usw. Ihnen ist, wie zahlreiche Interviews mit kleinen Computerfreaks zeigen, die Vorläufigkeit, das Unabgeschlossene jedes einzelnen Schrittes ganz bewusst.

Es gibt keine falschen und richtigen Entscheidungen, sondern immer nur Initiierungen von weiteren Schritten. So generieren sie eine Spiellandschaft auf dem Bildschirm, die erst mit dem Aufrufen der Daten Zug um Zug entsteht und auch ganz anders hätte entstehen können. Sie sind wie Schöpfer der Spiellandschaft, aber ihre Schöpfung ist nur eine von vielen möglichen Varianten. Andere Daten hätten andere Landschaften, andere Spielverläufe hervorgerufen.

In »die Völker« oder »die Siedler« oder in dem kampfbetonten »Command and Conquer« – derzeit absolute Topper in den Spiele-Charts – erschaffen sie Lebensgrundlagen, Menschen und Menschenkollektive, Nachbarschaften feindlicher oder friedlicher Art, kooperative Gruppen und Feinde und Schutz gegen Feinde, Kriege und Grausamkeiten, Töten und Sterben, und das alles in veränderlichen Szenarien, die aus Informationen, die unaufhörlich ins Geschehen einfließen, generiert sind.

Woher kommen die Informationen? Zum einen aus den Intelligenzen, die von kreativen Spielerfindern, Designern, Programmierern usw. in das Spiel eingegeben wurden. Zum anderen kommen sie aus dem Spielen im Internet, in dessen Verlauf immer mehr Mitspieler, die in Bangkok oder im Nachbarhaus, in New York oder in Aschaffenburg vor ihren Monitoren sitzen, einbezogen werden, die sich mal einklinken, wieder ausschalten, jeweils einen Stand des Spiels speichern und mit diesem Stand irgendwann ins Spiel zurückkehren – mit jedem Auftauchen und Verschwinden erzeugen sie neue Informationen, die auf das Spiel zurückwirken.

Keiner *beherrscht* diese Spiele. Kein Ich des kleinen Spielers schwingt sich zum Allwisser auf. Die Kinder wissen und üben, dass sie im Spielverlauf nur als Informationen existieren und dass sie selber über das Abrufen und Eingeben von Informationen neue spielerische Entwicklungen einleiten, »synthetisieren«.

Aus dem jeweiligen aktuellen Stand der Informationen entsteht eine Welt aus Lichtpunkten, die vor den Augen des Spielers aufscheint und aussieht, als käme sie aus dem Nichts und könne bis in alle Ewigkeit so bleiben, schöne, perfekte, endgültige Bilder und Sequenzen – und gleichzeitig erscheint diese Spielwelt auf Monitoren irgendwo in der Welt und wird wieder verändert, neuen Informationen unterworfen. Unser kleiner Spieler ist kein »Schöpfer«, sondern Teil eines universalen Spielgeschehens.

Omnipotent ist er auch. Aber nur insofern er bereit ist, Omnipotenz nicht für sich, für sein kleines Ich, zu reklamieren, sondern für das Spielgeschehen als ganzes, das immer neu erschaffene. Er ist Teil dieses Schaffensprozesses, aber ein wichtiger, wie jeder Teilnehmer ein wichtiger, ja, ein zentraler Teil ist. Ohne ihn (ohne jeden Einzelnen) wäre alles anders, als es jetzt ist. So wie die winzige Mineralspur, wenn sie fehlte, die Schöpfung in ihrer gegenwärtigen Gestalt ausgelöscht hätte.

So spielen sie. Miniaturen eines Männertraumes, der sich aus den Fängen der realen Welt gelöst, seine Bindungen abgeworfen hat: nicht um zu »handeln«, sondern um im aktuellen Zusammenspiel der Informationen zu *sein*.

III.
Was Lehrer und Kinderpsychologen so schlecht verstehen: Die Phantasien beim Lesen und beim Computerspielen sind grundverschieden.

Auf diese omnipräsente, omnipotente Art des Selbstbewusstseins und der Selbstvergessenheit sind die spielenden kleinen Jungen schon mit den allerersten PC-Games eingestimmt worden.

In der bürgerlichen Kindheit waren Männer, Helden, Väter die Vorbilder der Jungenspiele. Das hat sich geändert. Heute sind es ungenaue, verwischte Gestalten, beinahe gesichtslos, merkmallos, ohne Geschichte und Schicksal, die im Mittelpunkt der digitalen Spiele stehen: Keine Vorbilder.

Trotzdem ist es so, dass sich die spielenden Kinder im Verlauf des Spieles mit ihren digitalen Spielfiguren »identifizieren«. Die Identifikation wird ihnen geradezu aufgenötigt. Sie lenken ja selber die Figur durch tausend Gefahren, streiten mit ihr gegen Legionen von Feinden, die sie alle zur Strecke bringen, springen mit ihr von einer Zeitebene auf eine andere, verlieren sich mit ihr in mystische Landschaften, nehmen selber mystische Eigenschaften und Fähigkeiten an und enden schließlich – so ist es in den allermeisten Spielen – gemeinsam mit dem digitalen Helden in einem gleißenden, schwebenden oder explodierenden Licht.

Was ist anders an diesen Helden und diesen Spielen und diesen Jungenträumen, als es das Miterleben der Buch-Abenteuer des Tom Saywer und des Huckleberry Finn gewesen ist? Welches andere Bild von Männlichkeit und Heroismus wird hier entworfen und von den Jungen spielerisch einverleibt? Wie ist der Unterschied zu den alten Männerbildern und -vorbildern zu benennen?

Zweierlei ist anders: Erstens, die Bewegung der Augen, die Organisation der Sinne, der Focus der Aufmerksamkeiten verläuft beim PC-Spielen anders als beim Lesen. Und das hat weitreichende Folgen. Der kleine Junge, der sich mit Tom S. unter Tante Pollys Tisch versteckt, oder der sich im Labyrinth verirrt und Indianer-Joe ausgeliefert ist, der mit Huck den Missouri heraufdampft und die Welt herausfordern will, bewegt seine Augen langsam und sorgfältig von Zeile zu Zeile, von Wort zu Wort, von Buchstabe zu Buchstabe. Er erschafft aus der Enge der Schrift einen eigenen Kosmos, den seiner Phantasie.

Umso mehr er eingebunden ist in die strenge Logik der Schriftsymbole, die sich ordentlich und in Reih und Glied vor seinen Augen auftun, umso heftiger gewinnt sein Innerstes eine neue Freiheit – gewissermaßen durch das Medium hindurch und zugleich in äußerster Spannung zu ihm und seiner verdichteten Form. So ist das, oder sollte ich sagen: So war das? Denn diese Kinder-Lese-Kultur ist im Absterben begriffen.

Wie betäubt waren wir, die kleinen Jungen in den 50er und 60er Jahren, wahrscheinlich die letzte Generation einer dominierenden Buchkultur, wenn wir von unseren Leseabenteuern aufstanden, wir lösten uns nur mühsam aus dem engen Raum der Buchseiten, die die enormen Weiten unserer Phantasien und Wünsche beherbergten. Doch so maßlos die Wünsche auch waren und so hoch hinaus unsere Träume flogen, alles ereignete sich auf den Buchseiten und in unserem Inneren nach der strikten Folgerichtigkeit, die die alphabetische Ordnung erzwang.

Noch die verwegenste Phantasie hatte im Kontext der Handlung ihren sinn-vollen Ort, sonst hätte sie die Stimmigkeit des Lesens und damit auch die Phantasien zerstört. Wildtöter legte mit der Büchse an – und die Comanchen, die auf sein Floß zuschwammen, todeswütig und das Messer im Mund, wurden durch den Lauf der Büchse erst fixiert und dann abgeschossen. Wildtöter, das wusste jeder kleine Leser, zielte genau und traf immer und rettete dadurch sich selber und des französischen Oberst reizende Töchter (»der letzte Mohikaner«). Fixieren und schießen – das ist ein Vorgang, der im Medium des Buches, in der folgerichtigen Schrift, unmittelbar nachempfunden werden kann. Wie die Augen von Zeile zu Zeile glitten und nicht ein einziges Mal ausbrachen (was augen-blicklich die Rückkehr der banalen Wirklichkeit zur Folge gehabt hätte), so glitten Wildtöters Augen den Schaft der Büchse entlang. So wie er stumm und geduldig auf den Feind wartete, um im exakt berechneten Moment die Büchse abzufeuern, und das kostbare Schwarzpulver sparsam einsetzte, so hockten wir über den Seiten, sorgsam und geduldig.

Wer Seiten übersprang, Kapitel ausließ, also die lineare Ordnung verließ, betrog sich um den Genuss der Leseträumereien. Denn die Erzählung brauchte die innere Konsequenz, die in der Linearität der Schrift ihre Voraussetzung hatte. Im Rahmen solcher Erzählordnung handelte auch der Held planvoll. War immer charakterlich zuverlässig, zweifelnd vielleicht, schwach vielleicht, aber konsequent in die eine oder andere Richtung ausschreitend. Alles hatte seine innere Notwendigkeit: die Schrift, die Figuren, die Konstruktion der Geschichte, die Phantasien, die sich um sie rankten.

Eine Art immanente Bedeutungshierarchie war die Voraussetzung dafür, dass eine Geschichte plausibel erschien. Stand der »Charakter« eines Helden in krassem, also nicht bedeutungsvoll aufgelöstem Widerspruch zu seinen Handlungen, dann erschien uns Lesern das Ganze unglaubwürdig. Unsere Phantasien hatten keinen Halt mehr, und wir verloren den Spaß an der Geschichte. Deshalb blieben die vielen formalen Experimente, die in unserem Jahrhundert mit dem literarischen Erzählen angestellt wurden, für den normalen Leser unverständlich und für den Experten – mochte er sie noch so euphorisch im angesehenen und wenig gelesenen Kulturteil loben – wohl langweilig.

Im Computerspiel gibt es diese Ordnungen nicht. Das macht es uns so schwierig, angemessen mit ihnen umzugehen. In jedem besseren Ratgebereckchen jedes besseren Magazins finden wir den an Eltern gerichteten Rat, sie mögen mit ihren computerspielenden Kids über das Gespielte »diskutieren«. Leicht gesagt, kaum zu machen. Jedenfalls nicht in den Kultpielen, nicht in den Spielen, die das Medium voll ausschöpfen.

Über Bücher und Erzählungen kann man gut reden und diskutieren. Unsere Schrift ist eine phonetische, die Kunst des Erzählens schwingt in ihr mit und prägt ihre Logik. Die konsequente Abfolge der Schriftzeichen ist so etwas wie die äußere Form dieser Erzähler-Tradition. In derselben Form verständigen wir uns vernünftig, diskutieren »sinnvoll«. Das Computerspiel hingegen enthält eine ganz andere Ordnung, die der Elektronik. Diese Ordnung ist *nicht* folgerichtig, sondern gleich-zeitig. Im elektronischen Raum sind alle Motive von Anfang an da, sie werden nicht erst entwickelt. Sie haben keinen Verlauf, nur ihre Präsenz. Und die auftauchenden Figuren sind wie die simulierten Stars von Madonna bis Lara Croft nur oberflächliche Erscheinungen, einen Moment lang sind sie da und noch einen und noch einen. Aber sie bilden keine Dauer. Sie ver-körpern nichts. Sie stehen für nichts ein. Sie schwinden ja auch so rasch wie Geister. Vielleicht wird man später einmal bei entwickelterer Ästhetik mit den Computeranimationen geistige Welten, Gedankenräume auf eine besondere Weise präsentieren, vielleicht erwächst hier ein besonderes Medium der Ideenwelten, das ist durchaus denkbar. Aber niemals werden im digitalen Spiel *Schicksale* erzählt werden. Die gehören in die Ordnung der Bücher und Schriftsätze, sie haben einen Anfang und ein Ende. Die Spiele nicht.

Statt Folgerichtigkeit gibt es in diesen Spielen Codes, die aufflackern und eine Reaktion erzwingen. Bildliche oder grafische Zeichen, die da sind, meist sind sie aggressiv. Ich muss sie nicht verstehen, ich muss ihnen *zuvorkommen*. Die gemütvoll-introvertierte Haltung eines Lesenden würde im Computerspiel zu einem sehr frühen Absturz führen.

Insofern ist es auch nicht richtig, von einer Phantasiewelt der Spiele zu reden. Sie setzen keine Phantasie in Gang, sie *sind* phantastisch. Wo die Enge der Buchseite die Phantasietätigkeit des kleinen Jungen erst aufspringen lässt, da ist das digitale Bild ihr immer schon voraus. Zwingt den Spieler in ihre Hyperwelt hinein, ist selber die Maß- und Zeitlosigkeit des Kindertraumes und duldet keine anderen neben sich. Der Computer ist in gewisser Weise total. Ein eifersüchtiges Medium.

IV.
Die Vernetzungen der Phantasien. Warum kleine Jungen sich über ihre Spielträume keine Illusionen machen: Sie lieben Technik mehr als Illusionen.

Die Codes, die Zeichen, die intensiven leeren Bilder, die vorbeigleiten, sind wiederum untereinander vernetzt. Vernetzt, nicht geordnet. Jede schriftliche Erzählung folgt einer einfachen oder komplexen Ordnung. In deren Zentrum steht immer der Leser, der sie lesend zum Leben erweckt. Die elektronische Ordnung ist die des mittelpunktlosen Netzes. In ihm kann ich funktionieren, mitgleiten und -surfen, aber Ordnung erzeugen kann ich nicht.

In den traditionellen Spielen ebenso wie beim Lesen ist es so, dass ich ein übergroßes, mächtigeres Ich phantasiere, aber es ist doch letztlich immer mein »Ich«, das meine Phantasietätigkeit imaginiert. »Ich« – in welcher Verkleidung oder Vergrößerung auch immer.

Im Computerspiel ist das anders. Hier ist es ein Nicht-Ich, das sich funktionsgenau im Netz der Bilder, Zeichen, Rätsel bewegt – oder abstürzt. Dieses Nicht-Ich hat mit meinem realen Ich oder mit der Größenidee des realen Ich nichts gemein. Nicht-Ich ist meine Identität im Cyberspace. Von Realitätsschwere sollte es möglichst weitgehend entbunden sein. Von der Haftung an Logik und Vernunft auch.

In den großen Kultspielen Myst oder Riven etwa wird diese Anti-Vernunft auf den Punkt gebracht: Dort tauchen Rätsel auf, die keine sind, weil sie keinerlei Logik haben. Man kann sie nur erraten. Rätsel wie die Sphinx, wie Orakel: doppel- und dreideutig. In einer Sequenz von »Myst« – einem berauschend ästhetischen Spiel im Übrigen – geht es beispielsweise darum, ein Tor zu öffnen. Dazu muss ich die Ziffern eines bestimmten Tages, einer bestimmten Woche, eines bestimmten Monats eingeben. Monat, Woche, Tag. Es gibt keinen Hinweis, vorher und nachher. Wie viele Möglichkeiten gäbe es, bis ich auf die richtige Lösung stoße? Ich weiß es nicht: unzählige. Das Spiel ist rücksichtslos. Erst wenn das verschlossene Tor sich schwerfällig öffnet, weiß ich, dass ich meine Aufgabe erfüllt habe. Ich kenne sie aber immer noch nicht. Und ich könnte sie selbst dann, wenn ich sie schon gelöst habe, nicht logisch angeben. Es gibt keine Vernunft. Ich kann nur orakeln!

Der Spieler im Netz: Er ist ein Code unter anderen. Er gibt mit jeder Aktion eine Information in ein Netz von Informationen ein, das sich ihm nie vollständig erschließt. Zwar wächst von Handlung zu Handlung, Spielstation zu Spielstation sein Wissen um das Ganze des Spielverbundes, aber dieser wächst zugleich mit seinem Wissen und mit all den anderen gleichzeitig eingehenden Informationen auch, das »Netz« ist ihm immer voraus, ist immer mehr, als ein Spieler wissen *kann*.

Kein sicherer Bestand des Wissens, kein Ort, nirgendwo. Der menschliche Geist im Netz kann sich immer nur als Teil eines ihn unaufhörlich überschreitenden Prozesses begreifen. Es gibt keine Position außerhalb des Netzes, von der aus wir uns selber im Netz betrachten und kommentieren können. Das ist unmöglich, obwohl unsere aufgeklärte Denktradition auf diese Dualität von Innen und Außen, von Ich »hier« und Welt »da« (das sind die Bedingungen der »Selbstreflexion«) eingestimmt ist. Eine solche Denktradition ist hilflos angesichts der Dynamik des Netzes, die jeden Netzteilnehmer umschließt.

Der kleine Junge vor dem Monitor, der sich spielend und schauend in imaginäre Szenarien einbinden lässt, muss immer alles im Auge haben, aus jeder Ecke, jedem Winkel und Versteck könnte jederzeit Gefahr hervorbrechen. Er muss die Gesamtheit aller Vorgänge aufnehmen, nie nur einen, nie einen Punkt, eine Figur fixieren, wie die alte Vernunft es gelehrt hat – er muss vieles gleichzeitig zur Kenntnis nehmen und zugleich daran denken, dass das Ganze während des Spiels und durch sein Spiel unaufhörlich verändert wird.

Wer so spielen kann und will, der hat seinen Spaß nicht mehr – wie in früheren Jungenspielen – daran, dass er alles kontrolliert, dass er die »Sache im Griff« hat. Das eben nicht. Er hat vielmehr seinen Spaß daran, dass er sich reaktionsschnell und -sicher in die Weite der undurchschaubaren Bilder, der Bildkomplexe einsinken lässt und von ihnen, während er spielt, weitergetrieben, weitergetragen wird.

Jede geschickte Reaktion auf einen plötzlich und unerwartet auftauchenden Feind, jede gespannte Aufmerksamkeit auf *alles*, jede Sicherheit des Funktionierens, jede Beweglichkeit der Sinne genießt er. Und treibt auf diese Weise in die Hyper-Weite der Bilder, in die Maßlosigkeiten der Bildräume, in denen, wir wissen es, Vernunft und Moral wenig ausrichten können, weil in ihnen immer *alles* möglich ist.

In dieses Alles-Mögliche will er hinein, nicht an einem Ziel ankommen.

Nicht »Kontrollieren«! Das Kontrollierte ist immer das Absehbare.

Nicht »Verstehen«! Denn das Verständnis muss vom Ich ausgehen und beim Ich ankommen.

Nichts von dem, was immer nur »Ich« ist – das eben nicht!

Sondern das »Alles-Mögliche«, das sich mit der Kälte und Härte der algorithmisch programmierten Bilder, mit der durchscheinenden Präsenz der Lichtpunkte vor ihm eröffnet. Dieser kleine Junge, der vor dem Monitor hockt und Abenteuer erlebt, ist ein geistiger Nomade. Er kennt das Ende der Bildwelten so wenig wie ein Nomade die Grenzen der Wüste.

Nicht die Väter, nicht die Vertreter der Vernunft, der Werte, des Ethos, sind Vorbilder, an denen er sich orientiert. Das Medium selber ist Vorbild, Leitbild und lehrt ihn mit der Lust an der nomadischen Existenzweise die Männerkultur von morgen (und heute). Und stattet ihn bei jedem Spiel mit ungezählten narzisstischen Impulsen und Verstärkungen aus, die ihn für die neue Zukunft fit machen.

V.
Spielen Mädchen etwa nicht Computer?
Ja, aber anders!
Und was soll das nun wieder heißen …

Warum spreche ich nur von kleinen Jungen? Spielen die Mädchen etwa nicht am Computer?

Nein, das tun sie in der Tat nicht. Dabei kommt es gar nicht so sehr auf die Statistik an.

Die Statistik zeigt, dass es zu 80 Prozent Jungen sind, die Computerspiele kaufen, tauschen, spielen und spielend im Netz agieren. Aber das ist nicht der zentrale Punkt.

Wichtiger ist die *Art* der Spiele.

Mädchenspiele gibt es im Software-Angebot durchaus. Aber sie sind durchgängig – ich kenne keine einzige Ausnahme! – geprägt von der alten Ordnung der Geschlechter: Abbilder von Großmutters Mädchenstube.

Barbie beispielsweise, der erfolgreichste Mädchentitel, ist ein Spiel der Sesshaftigkeit. Da wurde auf kitschige Weise versucht, den »oknophilen« Geist ins digitale Medium hinein zu drängen, obwohl er dort beim besten Willen nicht hinpasst. So wenig übrigens wie Lego-Steine in die Computer-Virtualität passen, auch so eine Idee von Kaufleuten, die die Entwicklung verschlafen haben: Quasi-Modernität.

Warum um alles in der Welt soll ein kleines Mädchen ihr Püppchen, und sei es so hässlich wie Barbie, ausgerechnet am oder im Monitor einkleiden, schlafen legen, aufs Töpfchen setzen?

Warum soll es sein Puppenheim in der virtuellen und nicht in der realen Welt einrichten, schmücken, umräumen und putzen?

Wo es doch nur in der »materialen« Stube mit der »wirklichen« Puppe all die Bedürfnisse erfüllen kann, die beim Versorgen einer Puppe, beim Kleiden, Schlafen-legen, Putzen und Räumen nun einmal befriedigt werden wollen.

Die Puppenstube ist ein überschaubarer Raum (der Computerraum ist unüberschaubar) und soll es auch sein. Alle Puppenspiele funktionieren nach der Grundregel »so wie es ist, soll es bleiben«. Das spielende Kind erschafft sich eine Welt des Vertrauten und hält sie instand.

Aber was mir ein Gefühl von Vertrautem und Geborgenheit geben soll, das will ich *fühlen*, nicht imaginieren. Ich will die Nähe des Puppenkörpers empfinden, nicht anklicken. Wärme geben und spüren. Geborgenheit stellt sich nur dann ein, wenn Körperempfinden und Phantasien zusammenwirken.

Und die vielen kleinen polymorphen Kindersensationen wie Pinkeln und Verhauen, die auch in die Puppenstube gehören, kann man lustvoll nur erleben, wenn man sie real tut – die Glätte und Distanz des Bildschirms passen nicht dazu. Die Virtualität des Mediums stört nur und intensiviert nichts.

Kurzum, die Bedürfnisse der kleinen Mädchen werden nicht dadurch modern, dass ihnen die neue Technologie aufgestülpt wird, während die Spiele und die Motive und auch sonst alles beim Alten bleibt.

Es gibt bisher keine digitalen Mädchenspiele. Es gibt übrigens, abgesehen vom Klatsch und Tratsch in einigen Chat-Nischen, auch kaum eine mädchenhafte Nutzung des Internet. All das gibt es so wenig wie ein automobiles Pferd. Das narzisstisch-Nomadische, von dem ich sprach, ist in tiefenpsychologischer Sicht ein männlicher Charakterzug. Er ist der Grund dafür, dass Jungen (und nicht Mädchen) die Adventure-, die Baller-, die maßlosen Spiele, die es nur in der neuen Techno-Welt und nirgend sonst gibt, mit so viel Eifer spielen.

Alles Sesshafte hat seine stabile Ordnung. Auch die »sesshaften« tradierten Kinderspiele sind klar geordnet und überschaubar. Sie entsprechen in ihrer Art und Struktur der linear-hierarchischen Gliederung der Erzählung, der Reihen-Folge der alphabetischen Zeichen. Ob beim Lesen oder in den alten Spielen, alles ist auf ein Zentrum, einen Mittelpunkt, eben das phantasievoll spielende oder lesende Kind, bezogen. Von ihm aus wird im Spiel gebaut oder zerstört. Von ihm aus ist es überschaubar. Mädchen spielen so. Mädchen lesen auch lieber und sind geduldig dabei. Mädchen passen in der Schule besser auf, sie können sich dauerhafter konzentrieren. Sie bewegen sich sicher und wie selbstverständlich in engen, geordneten Räumen. Und sie haben, wie die Schulstatistik verrät, bessere Zensuren. Mädchen sind im »Oknophilen« zuhause. Das *Nicht-Ich* dagegen, das sich technischer Möglichkeiten bemächtigt und funktionierend in Bildwelten aufbricht, die keine Entsprechung im Realen, im Maßstab der begrenzten Wirklichkeit haben, ist männlich.

5. Kapitel

Ein Exkurs in die männliche Geistesgeschichte

Der Mann der Tat

Ein Überblick über die Geistes- und Kulturgeschichte der Neuzeit zeigt, auch wenn wir sie nur in groben Umrissen nachzeichnen, dass die Motive, die heute unsere Zukunft ausmachen, in den letzten 500 Jahren ausgebildet worden sind. Der Weg von der Naturwissenschaft zur Beherrschung von Natur in der Renaissance bis zur Simulation von Natur und Gesellschaft, künstlicher Intelligenz und künstlichem Leben erscheint im Rückblick geradezu überraschend einheitlich. Was in der Gegenwart und in den Zukunftsszenarien, die uns heute vorliegen, zum Ausdruck kommt, ist eine direkte Fortsetzung männlicher Geschichte.

I.

Die Renaissance: In ihr begann die Moderne, in der wir heute leben. In unseren Lese- und Geschichtsbüchern ist die Renaissance als Phase der Rückbesinnung auf vorchristliche Kulturen, die antike und die römische, aufgeführt. Aber das ist nur ein Teil der Wahrheit, und vermutlich nicht der wichtigere. In der Renaissance begann die Abwendung von einem jahrhundertelangen Verharren in alten Traditionen und Denkgebäuden. Renaissance war das Aufstoßen einer hohen Tür in die Weite der modernen Wissenschaften. Der männliche Geist, in Würden und Gottesfurcht gebannt, machte sich auf eine neuartige Entdeckerreise. Er wurde neu-gierig. Was unbekannt war, wurde nicht nur gefürchtet, es erschien auch als Versprechen, als Verheißung auf Abenteuer, Macht oder einfach Erkenntnis.

In der Renaissance begannen die modernen Naturwissenschaften aufzublühen. Die Natur war nicht länger das geheimnisvolle Rätselwerk Gottes. Sie erschien dem menschlich-männlichen Geist jetzt wie ein Steinbruch, aus dem er Stück um Stück herausschlug, um das Gefundene zu neuen Bildern, nützlichen Einheiten, zu produktiven Gegenständen umzuformen.

Sicher, die Natur verlor dabei nicht ihre beeindruckende Mächtigkeit und Verschlossenheit, die dem männlichen Geist seit Jahrtausenden imponierte. Aber unter den Forschern, den Philosophen und Physikern machte sich eine veränderte Haltung breit. Man wollte in der Natur nicht länger den göttlichen Geist verehren, man wollte sie enträtseln. Studieren, analysieren und letztlich nutzbar machen. Geduld und Systematik traten an die Stelle der Ehrfurcht.

Caesalpins Werk »De plantiis« unternimmt zum ersten Mal den Versuch, die Systematik der Pflanzenwelt in einem großen theoretischen Entwurf nachzuzeichnen: Anfänge der modernen Biologie. Telesio und später, an der Schwelle zur Aufklärung, Bacon fordern von den modernen Wissenschaften, sie sollten die abstrakten aristotelischen Kategorien aufgeben und die Natur *aus sich selber* erkennen. Nicht mehr die mystischen Ideen, sondern die vorgefundene Welt beschäftigt die Forscher und Denker. Ihr kann sich der Mensch stellen, er kann sie analysieren und in Teilen beherrschen. Das Gotteswerk konnte er nur bewundern.

Die alte Haltung der Passivität wechselt über zu einer neuen der aktiven Neugier. Dabei verliert der Mensch der Renaissance schrittweise das Gefühl der Geborgenheit im Schoß einer zentrierten Weltordnung und ihrer klerikalen Institutionen.

Durch die Anstrengungen seines Geistes wird der Mensch heimatloser, aber auch selbstständiger. Ein freier Atem geht durch die abendländische Geistesgeschichte. Der »Mensch« war freilich im Verständnis des 15. Jahrhunderts gleichzusetzen mit »Mann«. Er allein verfügte über soziale und persönliche Unabhängigkeit, die Idee der Freiheit war männlich.

Die metaphysische Weltschau und die Unbefragbarkeit der kirchlichen Sinninstanzen hatten die männliche Vernunft in Bann geschlagen, aber auch in einem stabilen System gehalten und geschützt. Jetzt tritt zum ersten Mal – von diesem Schutz und Sinnbestand entbunden – der Mensch als der Einzelne, als »Subjekt« in den Vordergrund. Das moderne Weltverständnis kündigt sich an.

Für die Theologen und die Künstler stellen sich die Fragen der antiken Philosophie: »was ist schön«, »was ist gut«, »was ist wahr« auf neue Weise. Die Schönheit der Dinge und der Menschen, insbesondere die Schönheit der Frauen war für den mittelalterlichen Mann gleichbedeutend mit der Schönheit der Schöpfung. Was zu sehen war, was wirklich war, erschien ihm als »schön«. War es doch das Schöpfungswerk Gottes. Das »Wahre« und das »Gute« und das »Schöne« waren eine Dreieinheit, der mystischen Trinität nachgebildet.

Auch da machen sich nun die Neuorientierungen bemerkbar.

Was »wahr« ist, was also empirisch der Fall ist, das war jetzt nicht mehr unmittelbar gegeben. Es musste erst einmal erkundet, verordnet und entschlüsselt werden. Es musste eingeordnet werden in die Kategorien des menschlich-männlichen Wissensbestandes und gab erst in diesem Rahmen seinen tatsächlichen Charakter preis. Der Mensch studierte und vermaß die Welt, auf diese Weise prägte er ihr eine neue, eine menschliche Ordnung auf. Wie er die Welt studierte, so erschien sie ihm auch. Welt und Natur wurden Gegenstand, aber in gewisser Weise auch Schöpfung des Menschen. Dieser Zusammenhang führt dann zu dem berühmten Descartschen »Ich denke, also bin ich«. Das Denken erschafft die Welt, interpretiert sie als System und Ordnung und verändert sie auf solche Weise grundlegend. Die Dinge der

Welt und der Natur sind in Bewegung geraten. Sie sind nicht mehr stabil.

Was der forschende Blick des Mensch-Mannes erkundete, erschien jetzt nicht mehr unter allen Umständen »schön«, es war auch nicht in jedem Fall »gut«. Bertolt Brecht hat in seinem »Leben des Galilei« darauf hingewiesen, dass mit der Änderung des Schöpfermythos auch das soziale Bewusstsein wächst. Ist die Weltordnung nicht mehr fixiert im göttlichen Himmel, dann ist es die soziale Unordnung auch nicht.

Forschung, Entdeckung, Umsturz: Die alten Werte wanken. Die ihnen zugeordneten Machtapparate auch. Forschung und Veränderung sind ein und dasselbe. Zugleich entsteht an den Höfen und in den Hafenstädten Europas eine Mentalität des Aufbruchs. Die Welt entdecken – das war ein unglaublicher Gedanke. Also war sie nicht oder nur zu Teilen entdeckt. Also waren die theologischen Weisheiten nur Teilweisheiten, Teilwahrheiten, wie sah dann die ganze aus? Sie barg Geheimnisse und Abenteuer. Mit frommen Liedern und Gebeten zogen die Entdecker und die Mannschaften auf ihre Schiffe, auch das Schiffbauerhandwerk hatte sich verändert. Die Kompasse und die Messgeräte waren neu. Und ihr Schicksal nahmen diese Männer, trotz der frommen Lieder und der Worte von der Kanzel, lieber selber in die Hand. Für die meisten endete es so oder so im Elend, im vorzeitigen Tod.

Eine nüchterne Sicht auf die Natur setzte sich durch, damit wurde das Schöne vom Natürlichen abgekoppelt. Das Schöne gedieh zu einer schwierigen – naturfernen – Kategorie. Das waren die Anfänge einer eigenständigen Ästhetik in der Kunst.

Dabei wurden zwei Entwicklungen zusammengeführt, die unseren Alltag heute noch prägen. Das eine war das wachsende Gefühl, ein Einzelner, ein Subjekt unter anderen Einzelnen zu sein und insofern selber das Schicksal gestalten zu müssen. Der Mensch ist für sich –

und für seine nächsten Angehörigen – verantwortlich, aber nicht vor einer höheren Institution, dem Klerus, im Beichtstuhl, sondern vor sich selber.

Das andere: Das Schöne war also nicht oder nicht vorwiegend das Natürliche. Schönheit konnte hergestellt, geschaffen werden. Beide Entwicklungslinien ergaben das, was wir heute »Ästhetisierung der Lebenswelt« nennen und was für uns so selbstverständlich ist. Wir wissen ja – vielleicht allzu gut, allzu selbstverständlich –, dass nicht alles, was vorhanden ist, auch schön sein muss. Das zeigt sich im Verhältnis zum eigenen Körper, zum eigenen Gesicht. Wie viel Zeit und Mühe verbringen wir nicht damit, unsere persönliche Erscheinung so attraktiv wie möglich herzurichten. Oder unsere Freizeitstätten ästhetisch aufzuputzen, bis sie einen künstlichen, aber intensiven Sinneseindruck erzeugen, den wir dann – als sei er ein Natürlicher – genießen. Das Kino, die Techno-Partys, die großen Konzerte, überhaupt alle künstlich-ästhetischen Ereignisse wären gar nicht vorstellbar ohne diese Abkoppelung des Ästhetischen vom Natürlichen, die in der Renaissance ihren Anfang nahm.

Auch die Frage nach dem »Wahren« wurde neu gestellt. Die Technik erlebte einen gewaltigen Aufschwung. Jetzt waren es die technischen Mittel, denen man mehr zutraute als der metaphysischen Versenkung.

Alle bedeutenden Künstler der Renaissance haben sich intensiv mit den »Mitteln« zur Erkundung und Vermessung der natürlichen Welt beschäftigt. Alberto und Leonardo da Vinci, Dürer und Michelangelo befassten sich mit den Techniken des Messens, Vergleichens, dem Entwurf von Perspektiven, dem Raum. Die technischen Mittel wurden in der Physik und in der Kunst gleichermaßen als bedeutungsvoll angesehen.

Hatten sich die Sinne nicht als wenig verlässlich erwiesen? Hatten sie dem Menschen nicht vorgeträumt, er existiere im Herzen des Kosmos? Im Zentrum des Universums? Und hatten die neuen Landkarten und Schifffahrtspläne nicht ergeben, dass dieser Eindruck falsch war? Der Mensch war aus dem Zentrum der Schöpfung herausgefallen und begann trotzdem oder eben deshalb mit einer gewaltigen Anstrengung, seine Welt neu zu ordnen und ordnend neu zu gestalten. Forscher und verwegene Entdecker drangen zu unbekannten Territorien vor. Und zuhause, im Herzen des alten Europa, machten sich die Erfinder und Wissenschaftler, die Handwerker und die Künstler daran, das Bild der Natur, des Lebens, des Kosmos und der Erde neu zu formulieren. Nicht mehr nach dem Plan eines abwesenden Gottes. Sondern vielmehr nach der Frage, was dem Menschen nützlich sei und auf welche Weise die Produktion nützlicher Güter vereinfacht und vermehrt werden könne.

Der Mann der Renaissance war ein Erschaffender. Er vertraute den technischen Mitteln, nicht der passiven Kontemplation. Er wollte nicht eins sein mit der Natur. Die Ideologien der Frauenbewegungen in den 60er Jahren wollten diese Entwicklung von dreihundert Jahren zurücknehmen. Naturbindung und passiv-esoterische Versenkung und Meditation machten in den Zentren der Frauenbewegungen ihre Runde. Sie markierten damit genau den Zeitabschnitt in der abendländischen Geschichte, in dem das männliche Geschlecht begonnen hatte, sein Schicksal in die eigenen Hände zu nehmen. Sie wollten es widerrufen. Der Mann der Renaissance baute Maschinen und komplexe Bewegungsapparate, er träumte – wie da Vinci – vom Flug in die freien Himmel, von der Erkundung der offenen Meere, von der Durchforschung des Himmels. Der männliche Geist erkannte, dass er im Universum einsam und in keine harmonischen Sphären eingebunden war, sondern auf sich selber gestellt. Mit dieser Einsicht begann eine neue Freiheit.

Kommen wir noch einmal auf die Kategorie des »Schönen« zurück. Indem die göttliche Schöpfung nicht mehr das Maß aller Dinge war, wurde das »subjektive« Empfinden mutiger und beanspruchte eine eigene Geltung. Raffael schrieb: »Um eine schöne Frau zu malen, müsste ich mehr schöne Frauen sehen. Aber da es so wenige schöne Frauen und gütige Richter gibt, so bediene ich mich einer gewissen Idee, die mir in den Sinn kommt. Ob die von künstlerischem Wert ist, vermag ich nicht zu sagen.«

Die Schöpfungskraft geht vom unsichtbaren ewigen Gott auf den zeitgenössischen Künstler über. Die technischen Mittel und Maße seiner Schöpfung entnimmt er der Empirie. Im »Lehrbuch der Malerei« doziert Dürer einen ähnlichen Gedanken: »Um ein gutes Bild zu machen, nimmst du von etlichen Menschen das Haupt, von anderen das Bein, die Füße und die anderen Gliedmaße. Denn ein schönes Ding zu schaffen, ist wie Honig schöpfen, indem man den Samen zur Blüte trägt.«

Das Selbst – die Subjektivität, wie wir heute sagen würden – des schaffenden Mannes rückt in den Vordergrund. Er entwirft aus seiner Vorstellung und nicht aus den Interpretationen der Heiligen Schriften und Katechismen eine Vorstellung von jener Schönheit, die er mit seiner Kunst hervorbringen will. Seine Ideen-Gestalt erst setzt er dann wieder in Beziehung zur vorgefundenen Natur.

Zwischen dem Wahren und dem Schönen wird auf diese Weise ein komplexes Spannungsfeld erzeugt. In seinem Zentrum steht nunmehr der »schöpferische Geist«. Die Maler der Renaissance empfanden sich als Handwerker, als Produzenten. Das heisst, was für die Kunst galt, galt für das Handwerk insgesamt. Während der Handel neue Wege und Verbindungen zwischen den Städten herstellte, entstanden in den Städten mit dem organisierten Handwerk neue Stände. In ihnen breitete sich ein männliches Selbstbewusstsein aus, das die eigene Kunstfertigkeit *und* zugleich die technischen Mittel in den Mittelpunkt rückte.

Die menschliche Welt – sie wurde immer noch als Werk des göttlichen Schöpfers angesehen, aber verbessert durch das autonome Werk der menschlichen Hand. In Umrissen tritt hier zum ersten Mal eine Idee hervor, die ein Jahrhundert später das Bürgertum und die klassische Philosophie und Kunst bestimmen sollte: die menschlich-männliche »Tat«, das Tun, die Arbeit als der Anfang und Urgrund aller Dinge.

Der Mensch ist, was er tut, was er erzeugt, was er hervorbringt – das wurde in der Renaissance zuerst erahnt und prägt bis heute das Bild und das Selbstverständnis des abendländischen Mannes. *Zugleich mit der Hinwendung zum Tun entsteht die vorbehaltlose männliche Zuneigung zur Technik, zur Maschine.* Ist das Tun der Ursprung der Dinge, dann ist es die Maschine auch. Sie ist letztlich – mehr als die ungenaue Innerlichkeit, mehr als »das Subjekt« – Ort der Wahrheit.

Der männliche Maschinenkult beginnt in dieser Phase. Er sollte sich zum 19. Jahrhundert hin ins Maßlose steigern und heute, am Beginn des nächsten Jahrtausends, noch einmal auf verwegene Weise gefeiert und im gleichen Atemzug überwunden werden.

Was ist heute? – so fragen wir gleich weiter. Heute tritt an die Stelle der alten tatkräftigen Maschinen die Simulation, die Vernetzung, die Abstraktifizierung der Welt. Und das Männerideal der »Tat« und das zu ihm gehörende Selbstbild vom kräftigen, starken Mann sind dabei im Schwinden begriffen, in einer Transformation, wie ich lieber sagen möchte.

II.

Jede Technik- und Mathematikbegeisterung wird offenbar von einer nachfolgenden Epoche wieder verabschiedet, die sich gegen die Vermessung und Versachlichung der Welt wendet. So war es auch mit der Renaissance.

Das Barock verachtete geradezu den Gleichklang von Machen, Mathematik und Kunst. Zeitgenössische Texte von Künstlern und Philosophen haben einen unübersehbar herablassenden Beiklang. Es stellt der wissenschaftlichen Vernunft und Klarheit die Lust am Detail, den kryptischen Fingerzeig, die Anspielung, die prächtige Architektur zur Seite. Bei einem der an den Fürstenhäusern angesehensten Maler des Barock, dem Italiener Frederigo Zucarro, heißt es beispielsweise mit Blick auf Dürers Arbeiten: »Eine Zeitverschwendung ohne nützliches Ergebnis«, weil er »... (mit) der Kraft eigener Willkür auf Grund der mathematischen Regeln menschliche Körper bilden wollte«.

Das Programm des Barock, das Bild des freien Mannes hervorhebend, lautet dagegen: »Denn das Denken des Künstlers muss frei und sein Geist muss gelöst sein und nicht beschränkt durch mechanische Abhängigkeit von derartigen Regeln.«

Da kündigt sich eine Gegenbewegung zum Ethos der Ratio an, die sich an die platonisch-plotinische Philosophie anschließt. Klarheit des Geistes und *ge-löst* sein. Dabei verliebt in tausend und ein Detail, in die zahllosen Verfeinerungen, Arabesken. Die Lossagung von den Regeln der Mathematik mit künstlerischen Mitteln, die aus der Mathematik entnommen sind – diese Figur wird im Barock geboren. Und sehen nicht die hochartifiziellen, überraschenden Computerspiele und -designs, mit denen wir heute umgehen, genau so aus? Verspielt und nutzlos, *zufällig* in vielfachen Formen, und doch hervorgebracht von strenger Programmierung in algorithmischen Reihen?

III.

Wie ordnet sich eine überlebensgroße Gestalt wie Rembrandt in diese Zeit- und Stilfolge? Rembrandt galt seinen Zeitgenossen recht wenig, einen »pictor vulgaris«, einen Naturalisten nannten sie ihn, und sie hatten Unrecht.

Rembrandt ist von zentraler Bedeutung. Er entfaltete auf der Grundlage der Nachahmung von Natur einen Sinn für Perspektive und Details, die wiederum die Ästhetik des Digitalen beeinflusst hat.

Rembrandt war, entgegen dem ersten Augenschein, der nur naturgetreue Abbilder zu erkennen vermag, ein Visionär des Verborgenen. Die Welt, die Umgebung verschwindet im Hintergrund, versinkt oder fehlt vollständig, um den Blick auf das einzelne menschliche Gesicht, die menschliche Gestalt zu lenken. Die freilich wirkt wie versunken, befangen in sich. Eine komplexe Auffassung von menschlicher Psyche wird erkennbar, der die malerischen Mittel dienen. Der Schatten auf den Augen, das wunderbare Licht, das die Stirn hervorleuchten lässt – Rembrandt malt das Gesicht als Ausdruck des Seelischen. Auch dies ist von enormer Modernität: Diese Vertiefung des Gesichtsausdrucks mit den Mitteln des Lichts, die perspektivisch gezogenen Schattierungen vom glänzend Hellen ins Dunkle, worin der menschliche Einsame wie gefangen wirkt, abgetrennt von allem – solche Bilder sieht man fast dreihundert Jahre später wieder in den Filmen von Sternberg, in Fords klassischen Western, in den schwarzen Serien.

Die Menschen Rembrandts sind allein oder in kleinen melancholischen Gruppen versammelt, die kaum Kontakt untereinander aufzunehmen scheinen, wie beziehungslos stehen sie in ihrer knapp umrissenen, flüchtig angedeuteten Umgebung. Sie sind auf sich zurückverwiesen. Und eben dies erzeugt jene Besonderheit der Rembrandtschen Menschen, die im Medium der künstlerischen Gestaltung aufzuleuchten scheint. Verlorenheit und Melancholie in einen Moment gebannt. Vom Licht geführt. Es fällt tatsächlich nicht schwer, in Rembrandts Technik und Bildmotiven Vorläufer der Moderne zu erkennen.

Man könnte noch einen Schritt weitergehen: In diesen Werken finden sich alle Merkmale des narzisstischen

Menschen versammelt, der in die Distanz zwischen der äußeren und inneren Welt gebannt ist und sie nicht überwinden kann, und der sich, aus Verzweiflung und Selbstliebe, in diese Distanzen gleichsam hinein«inszeniert«, am Abgrund zwischen Innen und Außen sein Selbst spielt und variiert und sich dabei unaufhörlich »ins Licht setzt«. Eine hochartifizielle egomanische Einsamkeit – wir finden sie bei den Dandys des 19. Jahrhunderts, auch im Ästhetizismus der Jahrhundertwende wieder. Und dann noch einmal im Umgang der modernen Kinder mit ihren Computerspielen, in den Lichträumen des Techno-Dance der Jugendlichen, in den Ich-Inszenierungen, die die Größen der Pop-Kultur heute zu einem Riesengeschäft ausweiten.

IV.

Die Zeit der Aufklärung: Der »Tatmensch« und der Vernunftgedanke melden sich jetzt kräftig zu Wort. Das Bürgertum hat sich gefestigt, die Umwälzungen des europäischen Weltbildes haben die Geschäfte auf dem eigenen und den fremden Kontinenten belebt, der Handel blüht. Bürgertum und Handwerksstände, insgeheim neidisch auf den nutzlosen Prunk des Adels schielend, bestimmen das Leben in den Städten. Neue Erfindungen zeichnen sich ab. Die Experimente der Physik und Mathematik werden immer kühner und immer realitätstüchtiger. Es dauert nicht mehr lange, dann rumpeln die ersten Eisenbahnen mit unvorstellbarer Geschwindigkeit durch das Land, die Telegrafie wird die Entfernungen überwinden und die menschliche Stimme vom menschlichen Körper ablösen. All das ist jetzt schon im Entstehen begriffen, überall wird getüftelt und gebastelt, während der Handel gedeiht wie nie zuvor in der europäischen Geschichte.

Die Bürgerherren haben für die verwegensten Ideen ein offenes Ohr. Die Erfahrung hat sie gelehrt, dass

Kühnheit in Geist und Tat seinen Mann ernährt. Der Händler oder der Bankier ist nicht selber kühn, aber er verbandelt sich gern mit einfallsreichen Erfindern und furchtlosen Abenteurern, und er hängt, während er seine Buchhaltung in Ordnung bringt, ihren Träumen nach.

Im späten 18. Jahrhundert hatte der Kult des freien Mannes, des »Einzelnen«, seinen Höhepunkt. Wir sprechen heute von der Aufklärung. Aufklärung bedeutet im Wesentlichen das Bemühen, den »nur subjektiven Menschen« in die Ordnung und Gemeinschaft der Vernunft zurückfinden zu lassen. War das Ideal der Renaissance noch der in gewissem Sinn maßlose »uomo universale«, der universale Mann, so versucht die Aufklärung mittels Bildung und Erziehung ihm ein anderes, gemeinschaftliches Maß aufzupressen. Das Maß des »man«.

Der Mensch der Aufklärung ist zwar auch, dem Ideal nach, umfassend gebildet, aber seine Bildung hat Züge von Anpassung. Das hatte zu tun mit der Ausdehnung der großen Städte, mit dem Zwang, in engen Straßen und auf eng gewordenen Märkten miteinander auszukommen. Es hat vor allem damit zu tun, dass die Rationalität und Anpassungsfähigkeit des Händlers und des Kaufmanns, dass das dominierende Bürgergeschäft die Vernunftwelt bestimmt. Für einen entfesselten Individualismus – für Narziss – war die Welt bereits damals, wie der junge Brecht sagte, »zu voll«. Und zu sehr vom freien Handel und den Bürokratien des Staates, die den Handel ordnen, verregelt. Der Dandy, wie Oscar Wilde ihn zum Ende des 19. Jahrhunderts prägte, war erst dann möglich, als sich dieser Hang zur Anpassung zu einer allgemeinen Verspießerung gesteigert hatte – auf dem Hintergrund der angepassten Vielen war dann auch wieder Platz für die glänzend-trostlose Erscheinung des selbstverliebten und zynischen Narziss.

Aufklärung und Bildung waren Chiffren gleich für zwei Entwicklungen, die im 18. und 19. Jahrhundert eingeleitet wurden. Die Masse Mensch trat in den Städten in Erscheinung, Gays »Beggars Opera« ironisiert sie. Bildung für alle war die sozialpolitisch notwendige Medizin, um den amorphen Menschenansammlungen Regeln einzuimpfen. Anpassung und Regelbeachtung waren die ersten Prinzipien der bürgerlichen Vernunft.

Im reichen und einflussreich gewordenen Bürgertum selber war Bildung zugleich Repräsentation von Status und Zugehörigkeit. Der »Commonsense«, der Gemeinschaftsgeist, wurde in der modernen Philosophie für das besitzende Bürgertum zur Vernunft veredelt. Kein Wunder, dass dieses Vernunftdenken nie ganz frei war von Unterwürfigkeit. Zuerst wurden die Regeln und die Ordnungen der sozialen Hierarchien verinnerlicht, in der bürgerlichen Kindheit mit harten Dressaten anerzogen, und erst später vernünftig begründet. Je edler die Begründung ausfiel, desto mehr fühlte sich der bürgerliche Mann an seine Freiheit gemahnt – die aus Renaissance und Barock in verschiedenen Farben herüberleuchtete –, und nahm so, zu guter Letzt, das Anpassungsmittel Vernunft als seine innere Unabhängigkeit an.

Als »autonomes Individuum« äußert er seine Meinung freimütig, wenn auch bedacht. Er lässt sich den Mund nicht verbieten (es sei denn zum Nutzen des Geschäftes). Er weiß sich autonom und unabhängig, und beides kann er auf dem Markt geschickt einsetzen. Der Mann der Aufklärung ist ein vernünftiger Patriarch, der seine Machtansprüche einzugrenzen versteht.

Die stabile hierarchische Ordnung in Familie, Betrieb und Gesellschaft, die notfalls mit Gewalt durchgesetzt wurde, ist Bestandteil der bürgerlichen Vernunft – und nicht etwa ein Widerspruch zu ihr. Überall, in allen Facetten des sozialen Lebens, zeigt die Vernunft ihr Doppelgesicht: freier Geist und nach innen gewendete Dressur. Durch seine tägliche Arbeit, sein handwerkliches Geschick, sein Antreiben der Produktion bestätigt der bürgerliche Mann sich ein ums anderemal, dass die Ordnung, der er gehorcht, *seine* Ordnung ist. Diese Ordnung erscheint ihm als das Wirkliche schlechthin. Vom Realitäts*prinzip* spricht Freud noch am Ende des 19. Jahrhunderts. Erst heute wird dieses Realitätsprinzip mit der kalten Gewalt der technischen Medien ins Wanken gebracht und wird die alte männliche Ordnung eingerissen.

Tatkraft und Vernunft, versetzt mit einer wohldosierten Prise von Eigensinn und Selbstbehauptung – das ist das Bild des Mannes im 18. und 19. Jahrhundert. Jedenfalls des Mannes im europäischen Bürgertum.

Die Technik unternimmt unerhörte Fortschritte. Bewegungsgeräte und Telegrafie revolutionieren das Verständnis von Zeit und Raum. Die Ausweitung der mechanischen Produktion fasst in den Industrien Menschen in gewaltiger Zahl zusammen. Der Vernunftgedanke war angesichts der sozialen und technischen Umwälzungen die einzige Orientierung, über die ein Mann, Familienvater, Fabrikbesitzer, Professor oder Staatskanzlist verfügte. Er klammerte sich daran. Angesichts der gewaltigen Zusammenballung von »ungebildeten« Massen von Fabrikarbeitern und Lumpenproletariat empfindet sich das ausgeklügelte Bürger-Ich immer von äußeren Mächten gefährdet. Es wäre ohne den disziplinierten Halt durch die Vernunft ganz verloren.

Technik und Vernunft, das sind die zwei Götter der bürgerlichen Aufklärung. Freilich ähnelt die vernünftige Gedankenwelt immer mehr den Rotationen, den kontrollierten Abläufen der maschinellen Produktion. Eine Maschinen-Vernunft, die sich vor keiner anderen Instanz ausweisen muss als der des Geldes und der Vermehrung der Produktion. Zugleich stand die »Arbeit«, als Resultat auch der protestantischen Bewegungen, in hohem Ansehen.

Aber so wie die Vernunft Maschinenvernunft geworden war, so war die Arbeit (fast) immer Maschinenarbeit.

Unter der Arbeitsdoktrin konnten sich Bürger und Proletarier verständigen. Beiden galt sie als Ideal, unbefragbar. Damit wurde zugleich der Vorrang der Maschinen vor dem Menschen zementiert, und die Idee des freien Einzelnen war jenseits der Ideologien ein Privileg für wenige.

Allerdings kann man in einer anderen Perspektive sagen, dass zwar nicht der einzelne Bürgermann, aber sehr wohl das (männliche) Bürgertum als Ganzes Vernunft und Freiheit in gewissem Maße zusammengeführt haben. Inbegriff der Vernunft war die gut geordnete Arbeit. Durch die Arbeit der Vielen, die technisch-vernünftig mithilfe der Maschinen verrichtet wurde, war der Mann des 18. und 19. Jahrhunderts endlich, wovon er in der Renaissance geträumt hatte. Er war der Schöpfer seiner eigenen Welt. Die wandelte sich durch die Techniken der Industrien so rasant, dass es kaum möglich war, zwischen dem Natürlichen und dem Geschaffenen zu unterscheiden. Sogar die Wälder, die gerade die Deutschen romantisch in ihrem Herzen trugen, waren Areale im Verbund einer großflächigen Landschaftsplanung, in der die Bebauung und Ansiedlung von Industrien und Unterkünften absoluten Vorrang hatten. Maßlos war diese Vernunft, zugleich eine Vernunft des »Man«, der Anpassung. Und sie barg eine dunkle Unterseite.

V.

Der bedeutende, das Jahrhundert überdauernde Charakter der Weltausstellungen im 19. Jahrhundert zeigt an, wie sehr der Rang der Arbeit, mit Technik und Fortschritt verschmolzen, in den folgenden Jahrhunderten fortdauert. Georg Simmel schreibt anlässlich der Berliner Weltausstellung 1986 von dem »eigentümlichen Reiz«, der darin bestehe, »dass die Arbeit der ganzen Welt sich, wie in einem Bild, in diese engen Begrenzungen zusammengezogen hat«.

Der konservative Kulturtheoretiker Sedlmayer spricht im Rückblick auf das 19. Jahrhundert von der ex-centrischen Position des modernen Menschen, und er fährt fort: »Die modernen Götter der Menschen sind die Natur, die Kunst, die Maschine; das All, das Chaos, das Nichts.« Diese einfache Aufzählung birgt in der Tat Bezüge, die bis in die Gegenwart spürbar sind.

Die Natur und das All, das finden wir im feministischen Bild der Allmutter Erde wieder, eine banale Mystik, ein restaurativer Glaubensersatz, der an die Stelle des verlorenen Gottesglaubens tritt. Die Natur, die Maschine, das Chaos: In der Tat scheint es so zu sein, dass die Maschine, aus der Beobachtung der Natur und den empirischen Naturwissenschaften hervorgegangen, in der Industrialisierung beginnt, die Natur zu verbrauchen. Die Maschine – von der Idee der Schönheit und der Wahrheit losgerissen – erzeugt nur immer mehr von sich: mehr ihrer maschinenhaften Produktionsweise, ihrer Effektivität, ihrem Reichtum an Gütern. Die Maschinen häufen Güter auf, aber ohne Sinn, ohne »Mitte«, wie Sedlmayer sagt.

Ohne dem groben Existenzialpathos Sedlmayers Recht geben zu wollen, lässt sich doch sagen, dass gerade die Sinnleere, die mit der maschinellen Produktion und dem vermehrten Handel zusammengeht, dazu beiträgt, dass die Faszination der Maschinen für die Männer des 18. und 19. Jahrhunderts einen so hohen Rang einnehmen kann. Fichte spricht davon, dass der Mensch »transzendental obdachlos« geworden sei, die *Macht der Verhältnisse* (also die der Maschinen, der losgerissenen Produktionsweise und des alle Grenzen überschreitenden Handels) hat dem Einzelnen die Heimat genommen. Berufung auf die »Faktizität« oder die »normative Macht des Faktischen« (der Kompromiss, das Machbare!) ist heute noch eine beliebte rhetorische Figur für Politiker, Wirtschaftler und seltsamerweise auch für manche Theoretiker. Unter dieser faktischen Macht der Verhältnisse (»sie sind nicht so«, wie der Bettlerkönig bei Brecht klagt) verliert sich die Idee des Einzelnen. Der aufklärerische Begriff des autonomen Individuums ist bereits in dem Jahrhundert, in dem er aufkommt, unwahrhaftig, bestenfalls eine Zielvorstellung. »In der Neuen Welt heißt Mensch-Sein – Einsam-Sein«, resümiert Georg Lukacs im Blick auf die Spätaufklärung. Der Einzelne ist der Ver-Einzelte, und als solcher neigt er – den Sedlmayerschen Begriffen entsprechend – zum chaotischen Gebrauch der Maschinen, zum Nichts.

VI.

Die Hegelsche Philosophie, neben Goethes Sprachwerken Höhepunkt des abendländischen männlichen Geistes, ist ein gewaltiger systematischer Entwurf, in dem die Natur- und Realitätsferne des männlichen Denkens auf die Spitze getrieben wird. Die »Wahrheit« ist nicht das, was lebt, sich regt, empfindet und leidet, nichts von dem, was Körper und Materie sind, sondern der sprachliche Begriff, die philosophische Nomenklatur. Hegels Philosophie ist ausgestattet mit dem Anspruch der Heiligen Schriften: Die Wahrheit liegt nicht im Sehen und Hören, nicht in den menschlichen Sinnen und Gefühlen, sondern in der philosophischen Schrift. An der Realität interessiert im Rahmen seiner Systematik nur, was die Ideen zum Leuchten bringt. Wo sich die Realität sperrig verhält, wird sie entweder nicht zur Kenntnis genommen, oder sie zwingt das Denken zu noch einer Kapriole, einer noch dynamischeren »Anstrengung des Begriffs«, um es mit einem Hegelschen Ausdruck zu sagen.

Die Hegelsche Philosophie spiegelt den Umgang des Bürgertums mit den Dingen und den Menschen; sie sind nichts wert, bevor sie nicht in einem übergeordneten Rahmen »in die Ordnung gebracht« worden sind. Was sich bei Hegel nur in Worten, Begriffen andeutet, wächst eineinhalb Jahrhunderte später aus den Studierstuben und Hörsälen heraus und wird technisches Projekt, das die gesamte Gesellschaft umwälzt: Das Denken, das Programmieren in algorithmischen Reihen, verabschiedet sich ganz vom Realen und schafft seine eigene Welt im Cyberspace. Abstraktionen treten dann buchstäblich »in Erscheinung«. Nur sind es, in den 80er und 90er Jahren *unseres* Jahrhunderts, nicht mehr die *Begriffs*abstraktionen, es sind auf eine kompliziertere, ja paradoxe Weise Bild- und Klangabstraktionen, Abstraktionen im *Sinnlichen*. Wenn dieses technische Gesamtprojekt der elektronisch-digitalen Welt zu Ende geführt wird, dann ist die Herrschaft der Abstraktion über die Wirklichkeit ganz an ihrem Ziel angekommen. In unserer »Jetztzeit« wird eben daran gearbeitet. Die Stichworte Hypertext, globale Kommunikation, simulierte Realitäten, künstliche Intelligenzen benennen nichts anderes als dies: Die Technik hat eine eigene Geistigkeit, eine eigene Sinnlichkeit, eine komplette Wirklichkeit erzeugt oder ist in einer gewaltigen Anstrengung, die die ganze Weltgesellschaft umfasst, auf dem Weg dorthin. Der männliche Geist erschafft sich selber.

Zurück zu Hegels Philosophie, dem Höhepunkt der aufklärerischen Philosophie. Arbeit ist der Anfang von allem. Das ist später bei Marx so, das war auch bei den idealistischen Philosophen unstrittig. Auch Hegel spricht dem »Prozess der Arbeit« eine enorme Bedeutung zu. Durch Arbeit produziert eine Gesellschaft ihre Grundlagen. Arbeit ist der »Treibsatz der Geschichte«, so formuliert es Werner Jung in seinem Buch »Von der Mimesis zur Simulation«.

Freilich ist Arbeit für den Philosophen vor allem Planung, ist das Bemühen, Wissenschaft und Bedürfnisse im Rahmen einer allgemeinen Logik miteinander abzustimmen, ist Vernunft. Vernunft einmal im Sinn von hoher

Geistigkeit, Sammlung und Anwendung des menschlichen Wissens, und zum anderen im Sinn von praktischer bürgerlicher Vernunft – darüber sprachen wir im letzten Abschnitt –, also die Fähigkeit, innerhalb einer Gesellschaft den Ausgleich, den Kompromiss herzustellen, damit Arbeit sinnvoll verteilt und organisiert werden kann. Der Fortschritt der Geschichte, sagt Hegel, geht durch das Bewusstsein der menschlichen Freiheit.

Wer sich allerdings die Mühe macht, von den Kälteregionen des Geistes herabzusteigen in den Alltag der Produktion, der Fabriken, der Hinterhöfe, der Militärs, der Schulen, entdeckt unschwer, dass nicht jeder Verstand und nicht jedes Bedürfnis in diese freie gesellschaftliche Planung – die »Selbsterzeugung« des Menschen, wie Hegel sagt – einbezogen werden. Genau besehen ist einzig und allein von der praktischen und theoretischen Vernunft der Besitzenden die Rede.

Und auch in ihr gibt es noch einmal Unterschiede: Die Fabrikbesitzer haben eine andere Vernunft als die Gutsherren und wiederum eine andere als der wohlhabende Adel. Hegel sieht die Grenzen der »geistigen Freiheit« durchaus, wie er auch die Bedeutung der menschlichen Arbeit und der technischen Arbeitsorganisation gesehen hat – vor Marx übrigens! –, aber letztlich mag er der materiellen Realität keine wirksame Qualität im »Zu-sich-selbst-Kommen« des Menschengeistes zusprechen. Zu sehr kreisen Hegels Ideen um die Gestalt des souveränen, selbstbewussten und selbstverantwortlichen Menschen. Dieser Mensch ist der Wissenschaftler-Philosoph (Werner Jung) des 19. Jahrhunderts, nicht die Arbeiter, nicht die Gutsknechte, nicht die Bürokraten im preußischen Staatsapparat – und erst recht nicht die Frauen.

Der Geist der philosophischen Begriffe ist frei, seine Realitätsbindung ist ihm lästig, in seinen eigenen Komplexitäten, die er in hochartifizieller Weise zur Vollkommenheit eines Systems treibt, betrachtet er sich wohlgefällig selber und erhebt sich zum freien Flug der Minerva. Der idealistische Philosoph ist der Ikarus-Narziss. In seinen letzten Schriften heben seine Begriffe sich selber auf und stürzen in ein dunkles Nichts. Nicht nur Adorno hat darin, in diesem Destruktiven, die höchste Wahrhaftigkeit solcher Philosophie gesehen. Wir haben im ersten Kapitel gesehen, dass auch nach einer psychologischen Betrachtung der Absturz, der Fall ins bodenlose Dunkle, den Charaktertyp des Ikarus-Narziss unaufhörlich bedroht.

Zwar gibt es in der Phänomenologie des Geistes ein langes, berühmtes Kapitel, in dem der Philosoph zeigt, wie sehr die Herren von den Knechten und wie sehr der Geist von der materiellen Arbeit abhängig ist. Nämlich: Je produktiver die Knechte arbeiten, so ist dort nachzulesen, desto abhängiger werden die Herren von ihnen. Je mehr die Seite der Arbeit, des Produzierens auf die Knechte übergeht, desto bequemer, unleidlicher und herrschsüchtiger werden die Herren – bis dic Knechte, die Produzierenden, die Arbeitenden, zuletzt die Dynamik der Geschichte ganz in ihren Händen halten und über die Herren hinweggehen.

Der Geist ist also nicht allmächtig. Die Geschichte der tätigen Menschen hat ihre eigene Schwere, ihre eigene Kraft. Er muss auf der Höhe der Entwicklung bleiben. Und das heißt in der kapitalistisch-bürgerlichen Produktionsordnung des 19. Jahrhunderts auf der Höhe der Erfindungen und der Entwicklung der Maschinen. Der männlich-menschliche Geist muss auch den Ausdehnungen des Handels, der Entdeckung neuer Handelswege, der Veränderung der Märkte gerecht werden. Sonst stürzt er ab. Aber letztlich sind dies alles Korrekturen, die die geistige Vernunft *an sich selber* vornimmt. Der männliche Geist schaut auf das, was die Geschichte erzeugt hat, und entziffert darin seine eigene innerste Wahrheit.

So lehrte es Hegel vom Podium der Berliner Universität, und die Säle waren bei seinen Vorlesungen rappelvoll. Hegel war ein Star der Rhetorik. Seine Vorträge, seine »Performances«, so darf man mit einigem Recht vermuten, wurden von seinen Zuhörern wohl kaum verstanden. Aber die idealistische Philosophie sprach ein Zeitgefühl aus, von dem Hegels Zeitgenossen nicht genug bekommen konnten. In den Nebensälen verdrückte sich, während Hegel höchste Popularität genoss, für einige unglückliche Monate eine mürrische Erscheinung namens Schopenhauer. Er vermochte keine vier Zuhörer in seine Vorlesungen zu locken, aber in seiner Studierstube entstanden philosophische Überlegungen, die dem Begrifflich-Geistigen ein anderes Zentrum zur Seite stellten: nämlich die Begierde, das Wollen, die Sexualität, kurz, den »Weltwillen«.

Schopenhauers Texte fanden erst am Ende seines Lebens Leser, das ist kein Zufall: Erst als sich das Ende des prosperierenden Handels abzeichnete und die sozialen Kämpfe, die in den Industriestädten aufbrachen, unübersehbar wurden, war die Zeit für die Philosophie der freien autonomen Vernunft abgelaufen. Aber als männlicher Traum, als Machttraum, als Geistphantasie, überdauert sie bis heute.

VII.

Schopenhauer traute dem Geistigen nicht. Er sah den Menschen nicht frei, die Männer schon gar nicht, sondern gefesselt an Begierde und ein stetes Wollen, das doch nie zum Ziel kam. Schopenhauer war von buddhistischen Lebenskonzepten fasziniert: Die Begierde abstreifen, das Wollen überwinden und in einen tiefen dunklen Traum jenseits der Vernunft zu versinken, davon versprach er sich Erkenntnis und – vielleicht – Erlösung. Ich habe nie verstanden, warum die Punks, die ein gutes Jahrhundert nach Schopenhauers Tod ganz ähnlichen Lebenskonzepten folgten, den mürrischen Philosophen nicht zur Kult-Figur erhoben, wie es die esoterischen Hippies mit Hesse getan hatten.

Vielleicht liegt der Grund darin, dass die Punks einen analphabetischen Lebensstil führten, sie lasen nicht, schon gar keine Philosophen. Wie auch immer, der Mensch in der Schopenhauerschen Philosophie – und dabei ist immer nur von Männern die Rede – ist kein freier Geist, er ist ein getriebener. Was ihn hin- und hertreibt wie ein Herbstblatt in den Alleen, um ein Bild Rilkes zu verwenden, ist nicht die Dynamik der Geschichte. Es ist sein Inneres. *Jenseits* des Bewusstseins. *Jenseits* des Wissens.

Schopenhauer sagt, dass die Philosophie das zentrale Problem in der Aufteilung zwischen Subjekt und Objekt, also zwischen dem einzelnen Menschen hier und seiner Welt dort gesehen habe. In der Tat lobt Hegel ja die griechische Antike, weil er in ihr ein Gemeinwesen vermutet, das noch nicht zwischen Subjekt und Objekt, zwischen Bürger und Gemeinschaft, zwischen Natur und Arbeit trennte. Das war sein »Ideal«. Schopenhauer sah darin nur Scheinantworten. Er hatte die Frage nach dem, was den Menschen zerreißt und umtreibt, anders gestellt. Im Subjekt selber, im Menschen selber wütet ein Wollen, eine Ursehnsucht, die es bei sich selber nicht aushält.

Schopenhauer hat sie am Beispiel der Sexualität verdeutlicht, zugleich war Sexualität für ihn die bewegendste, drängendste Kraft, die aus dem Unbewussten aufsteigt und die Ich-Vernunft bedroht. Sexualität will, nein, muss zum Anderen, zum Gegenpart. Sexualität ist ein Drängen, das aus den Anfängen des Lebens oder aus biotischen Ursprüngen aufsteigt und nicht zu bannen ist. Die Vernunft selber ist überhaupt keine eigenständige Kraft, sie ist, sagt Schopenhauer, aus den Hemmungen hervorgegangen, die dem menschlichen (männlichen) »Wollen« von der Kultur und Umwelt aufgezwungen werden. Der gehemmte, gestaute Wille beginnt zur Erfüllung seiner selbst nach Mitteln zu suchen, Pläne zu entwerfen, Bündnisse zu schmieden. Die ganze Bürgervernunft bis hin zum Hegelschen Weltgeist erscheint Schopenhauer als nichts anderes denn ein großes Theater, das das Ich vor sich selber aufführt, um die Macht seiner Begierde, seines »Willens« zu verschleiern.

Warum erscheinen uns diese Gedanken so vertraut? Dafür gibt es zwei Gründe. Der erste ist: weil Freud dieselbe Denkweise seiner Entwicklung der Psychoanalyse zugrunde gelegt hat. Was bei Schopenhauer Wille, heißt bei Freud Trieb, wo Schopenhauer den Menschen anthropologisch gespalten sieht, da hat Freud die untereinander verfeindeten psychischen Instanzen Es-Ich-Über/Ich eingesetzt. Und wo Schopenhauer von einer dunklen, drängenden Kraft spricht, die aus den biotischen Ursprüngen aufsteigt, da spricht Freud von den »primären Gefühlen«, spricht vom gierigen Narzissmus des Kleinkindes.

Die Philosophie der Bürger war eine, die von der Unwissenheit aufsteigen wollte zur Klarheit des Geistes, ja, zuletzt zu der Einsicht gelangen sollte, dass der menschliche Geist im Zentrum der Realität steht. Dass er, mit anderen Worten, die Wirklichkeit nicht nur betrachtet und reflektiert, sondern erzeugt. Schopenhauer zieht einen dicken dunklen Strich durch den Vernunftglauben. Für ihn steigt die Erkenntnis, wenn sie nur rückhaltlos genug betrieben wird, nicht zum Geistigen auf, sondern zu den seelischen Elementarteilen herab. In seinem eigenen Inneren, vor und jenseits des Verstandes, stößt die Selbstanalyse des Mannes auf ein »Herz der Finsternis«, eine düstere Immanenz.

Wie wäre ihr beizukommen? Wie richtig leben? Solche Fragen erschienen dem misanthropischen Philosophen keineswegs unsinnig. Im Gegenteil, er verstand sich nicht zuletzt als Lehrer des richtigen Lebens. Er wurde Autor eines Breviers für Lebenskunst. Seine Antwort: Was uns die Sinne mitteilen, was wir sehen und hören, ist nur ein Vorhang, der sich vor ein großes Dunkles gesenkt hat, das, wie das antike Orakel, alles zerstören würde, wenn es hervorträte. Die Sinne täuschen uns, und das ist gut so. Wir genießen das Spiel der Sinne, wir treiben genusssüchtig durch die Unwahrhaftigkeit, und wer sein Leben *redlich* zu Ende bringen will – aber das betrifft nur die wenigen, die Lebenskünstler –, der übe sich im Verzicht. Ob im schönen Schein oder im Verzicht, – immer trägt uns eine lebenslange Sehnsucht, die in wenigen intensiven Momenten, bei der Betrachtung einer Gebirgskette, beim Anschauen eines schönen Bildes (Schopenhauer verehrte Rembrandt) kurz gegenwärtig wird. Die Vergegenwärtigung dieser ursprünglichen Sehnsucht, die am Anfang aller Gefühle und aller Philosophie steht, ist das »Schöne«. Über das »Wahre« wissen wir nichts.

Und damit kommen wir zu dem zweiten Grund, weshalb uns Schopenhauers Philosophie und Lebenskunst so modern erscheint. Wir erkennen heute, wie sehr seine Vorstellungswelten in der neu entstehenden Lebenskultur, in der eindringlichen Artifizialität und Realitätsferne der Computerbilder und des Cyberspace als Wille, Selbstliebe, Sehnsucht wieder auftauchen.

VIII.

Der Übermut des bürgerlichen »Weltgeistes« wurde dem Lebensgefühl spätestens des 19. Jahrhunderts mit dem Aufkommen der riesigen Städte London und Paris und der sozialen Verelendung ausgetrieben. Die Fortschritte der Technik erzeugten eine Art Schock. Einen Modernitätsschock. Gewiss, auch und *gerade* das Schockerlebnis kann man lieben, im Sinn der Schopenhauerschen Ästhetik sogar vorbehaltlos genießen, ungefähr so, wie man auch die Gewalt oder die Unterwerfung unter mächtige Autoritäten lieben und genießen kann. Aber es ist ein Genuss in Angst. Angst, Unverlässlichkeit, Unbehaustheit wurden die Stichworte der großen geistigen Strömungen etwa ab Mitte des 19. Jahrhunderts. Beispielhaft dafür stehen die Existenz und das Werk des Lyrikers Charles Baudelaire.

Baudelaire, Dichter, Dandy, Flaneur – für Walter Benjamin war er Protagonist der modernen Städte, ihrer Unübersichtlichkeit, ihrer Zerrissenheit und Sinnleere. Baudelaire wusste sich darin einzurichten. Er bezog sinnliche Reize eben aus dem Beziehungslosen, dem Leeren, dem Anonymen der Städte, dem Gewühl der Menschen auf den Hauptstraßen der Großstadt, aus dem ihm da und dort »plötzlich« ein Eindruck, ein menschliches Gesicht entgegenleuchtete, nur für einen Augenblick, bevor es wieder verschwand – und er träumte ihm hinterher: so in Baudelaires berühmtem »A une Passante«, »An eine Vorübergehende«. Dass sie fremd bleibt, unerschlossen für den prüfenden Männerblick, verleiht ihr gerade den narzisstischen Glanz, die Besonderheit.

Baudelaire brachte die seelische Leere in seinen Gedichten zum Schwingen, indem er sie melancholisch sanft verherrlichte. Seine Empfänglichkeit für ästhetische Reizwirkungen ließ ihn auch die industrielle Welt mystifizieren. Freilich sah er, ähnlich wie der Konstruktivismus, in den schweren Maschinen eine eigene, eigenwillige Spezies heranwachsen, die den Menschen hinter sich lassen könnte. Baudelaire stand ganz unter dem Eindruck des Ästhetischen, aber gerade dort entziffert er eine Techno-Welt, die ihrer Eigenart nach für den Menschen wenig Platz lässt. Der Bürger in Baudelaire fürchtete sich, der Narziss verherrlichte.

Beispielhaft dafür ist sein »Reve Parisienne«, sein Pariser Traum, geschrieben zur Weltausstellung. Ich zitiere ein Stück daraus, und zu achten ist darauf, ob der Dichter hier nicht, wie die Konstruktivisten, weit in die Zukunft greift: Seine Farben sind unnatürlich, keine Sonne und nichts Naturhaftes erhellt sie, sie glänzen künstlich aus sich heraus, kristallen und kalt. Seine Welt ist eine ohne Menschen – eine Maschinenwelt, in der die Maschinen selber zu kommunizieren beginnen. Erinnert uns das nicht an »Künstliche Intelligenz«? An die unnatürlichen Farben im Computer, die aus der Mathematik hervorgegangen sind? Baudelaires Pariser Traumwelt – ist sie nicht die der Denk- und Bildmaschinen?

Und alles, die schwarze Farbe sogar,
schien blank, klar und schillernd,
das Feuchte umfasste ihren Glanz
in dem kristallgewordenen Lichtstrahl.

Und kein Gestirn, mein Herr, keine Spur
von Sonne, selbst am Rand des Horizontes,
erhellte solche Besonderheit,
die im eigenen Feuer funkelte.

Und über diesen beweglichen Wundern
spannte sich (schreckliche Neuheit!
nur fürs Auge, nicht für die Ohren!)
ein Schweigen aus Ewigkeit.
(Übersetzung vom Autor)

… eine Welt, die allem Menschlichen enthoben ist, Licht ohne Sonne, sie hat ihren Glanz ganz aus sich selbst – allem enthoben, oder muss man sagen, allem entronnen, so schweben diese Traumbilder in einer eigentümlich anmutenden Zeit- und Ortlosigkeit. Bilder ohne Bezug zum Menschlichen, zeitlos, ortlos – reine Konstruktionen (wie im »Konstruktivismus«), reine Berechnungen, bis in die Wirkungen des Lichts und des Schweigens hinein, ewig wie mathematische Formeln oder wie die Bilder im

Computer. Baudelaire ist in einer brillanten Psychostudie von Sartre als der beziehungsunfähige Narziss beschrieben worden, der in sich verfangen bleibt und die Welt nur durch seine Ängste und seinen Hochmut zur Kenntnis nimmt.

Wie unter Glas zerfällt ihm die Welt in eine schemenhafte Folge von Bewegungen und Situationen, die ohne Sinn erscheinen. Diese narzisstische Seite eines Baudelaire fühlte sich in der Maschinenwelt offenkundig zuhause. Die Natur war überwältigt, und die Weiten einer entgrenzten Welt öffneten sich. Eindringlicher ist das Bild des modernen Narziss auch danach nie wieder gezeichnet worden.

Solche Zukunftslyrik, die ganz aus dem eigenen ästhetischen Inneren prognostiziert, gerade sie kommt bezeichnenderweise zu einem Weltentwurf, der dem heutigen unmittelbar gleich ist. Was da aus dem Dichter hervorbricht, ist im Schopenhauerschen Sinn der »Wille«. *Er will die Welt. Aber nicht durch seine Tat, seine Arbeit, seine Vernunft, sondern in einem großen exklusiven Akt »jetzt«.* In diesen Großstadtgedichten kündigt sich der Wandel des Männlichen an: die Verschiebung und Entwertung der Arbeitstugenden hin zu narzisstisch-artifiziellen Potenzen. Freilich musste der alte Männertypus erst geschichtlich niedergerungen werden, bevor die Zeit der feinstofflichen Technologie anbrechen konnte.

IX.

Für diese Mentalität ist das Ethische in der Wissenschaft wie im Leben gleich langweilig. »Welch ein Unterschied: Unter dem Himmel der Ästhetik ist alles leicht, schön, flüchtig; wenn die Ethik dazukommt, wird alles hart, eckig, unendlich langweilig.« So beschreibt Kierkegaard 1848 den Gegensatz zwischen einem ästhetisch-narzisstischen und einem ethischen Weltverhältnis. Der Ethiker sagt: »Erst wenn man das Leben ethisch betrachtet, gewinnt es Schönheit, Wahrheit, Sinn, Bestand; erst wenn man selber ethisch lebt, erst dann gewinnt das eigene Leben Schönheit, Wahrheit, Sinn, Sicherheit; erst in der ethischen Lebensanschauung sind der autopathische und der sympathische Zweifel beruhigt.«

Werner Jung schreibt dazu: »Während der eine, der Ethiker, sein ganzes Leben auf die Pflichterfüllung abstellt und daraus sein Lebensglück bezieht, ist der andere, der Ästhetiker, der unsichere Kantonist, der wechselhaft, flüchtig und launisch ganz in der Unmittelbarkeit lebt, im Augenblick. Und wo der eine Triebverzicht, Askese und eine gewisse Weltflucht predigt, da ergeht sich der andere im Genuss, in der Ekstase des momentanen Augenblicks, der keinen Anfang und kein Ende kennt.« Höchstes Ideal des Ethikers sind der Ausgleich und die Gleichförmigkeit, die Konstanz des Lebens, wohingegen der Ästhetiker die Raffinesse des Moments, das Unvorhersehbare liebt.

Schauen wir noch einmal auf Kierkegaard. »Wer ästhetisch lebt, dessen Stimmung ist immer exzentrisch, weil er sein Zentrum in der Peripherie hat. Die Persönlichkeit hat ihr Zentrum in sich selbst, und wer nicht sich selbst hat, der ist exzentrisch. Wer ethisch lebt, dessen Stimmung ist zentralisiert, er ist nicht in der Stimmung, er ist nicht Stimmung, aber er hat Stimmung und hat die Stimmung in sich.«

Einige Sätze weiter heißt es dann kurz und bündig: »Wer ästhetisch lebt, sieht nämlich überall nur Möglichkeiten, diese bilden für ihn den Inhalt der Zukunft, wohingegen derjenige, der ethisch lebt, überall Aufgaben sieht.« Es ist nicht schwer zu erkennen, dass sich in unserer Gegenwart die Entwicklung der ganzen Lebenskultur zum Ästhetischen wendet – und das in Verbindung mit der Technikvernarrtheit des männlichen, tatkräftigen Geistes erzeugt die Gegenwartsströme, in denen wir uns mit unseren Diskussionen über Medien, Digitalität, Vernetzungen usw. bewegen.

X.

In den großen Städten brachen angesichts der Anballungen von immer neuen technischen Erfindungen und der eintreffenden Menschenmassen, oft entwurzelt, orientierungslos, sozial im Nirgendwo, Ängste und diffuse Aggressionen auf. In den Städten, den Industrien und in den Militärs versammelten sich die »Individuen« in Massen. Sie mussten einer Disziplin unterworfen werden. Der Begriff »Individuum« erhielt etwa im preußischen Sprachgebrauch des Hofes und des Militärs einen abwertenden Klang. Das männliche Ideal des Machens verband sich mit der Idee oder dem Ideal der Disziplin. Kein göttlich erfüllter Kosmos besorgte nun noch eine Autorität, die über diesen Massen schwebte und sie bändigte.

Die Autorität, die sie anerkannten, war die blanke Gewalt, die auf sie ausgeübt wurde. Sie akzeptierten allein die Macht, die sie zu harten Gemeinschaften zusammenzwang. Aus dem Innern dieser sinistren Gemeinschaften aber entstand ein neues Ideal: die Idealisierung des Autoritären als solchen.

Wer autoritär war, wer anderen seine Macht aufzwängen konnte, wer Menschen in Schach hielt, wurde bewundert, weil er war, wie er war. Kein menschlicher oder göttlicher Sinn musste der Autorität beigesellt werden. Sie wirkte durch ihre Gewalt, die in dem Ideal des Machens, der Verfertigung der Welt, bereits angelegt war und nun in den großen Industrien und den Militärs und zum Schluss in den gewaltigen Maschinenkriegen des Ersten und Zweiten Weltkriegs zum Durchbruch kam.

Man kann es bei Jünger nachlesen, aber auch, auf andere Weise, bei Stefan George und in gewissem Sinn bei

Hugo von Hoffmannsthal: Die empfindsameren Männer zogen sich ganz aus der Welt zurück. Auf romantische und verinnerlichte Art wurde die Fremdheit, die die Seele in der gemachten Welt empfand, zum Thema erhoben. In unendlich vielen Varianten ist bei ihnen davon die Rede, dass das Innerste der Seele von dem Gedeuteten, dem Begrifflichen, dem Maschinellen nicht »ergriffen«, aber gleichwohl – wie bei Jünger – fasziniert sein kann.

Die Ego-zentrik des männlichen Individuums hatte ein doppeltes Gesicht. Sie empfand die Welt als blöd und leer, als fremd und minderwertig. Aber wohin sollte sie sich in ihrer inneren Aristokratie wenden? Sie wendete sich entweder in ein »weltleeres« Inneres und verstummte schließlich. Oder sie wendete sich in verzückter Feindseligkeit, in entfesselter Kampfbereitschaft wider die äußere Welt und propagierte das Kämpfen, die Schlacht, verbündete sich auf paradoxe Weise mit den Maschinen der Vernichtung – so wiederum bei Jünger.

So kam die Idee des aristokratischen Soldaten zustande. Die Idee des Gehorsams als innerer Adel. Es war gleichsam die letzte Drehung der männlichen Egozentrik gegen sich selber und endete in einem desaströsen Untergang der abendländischen Kultur. An ihrem Ende stehen die beiden Weltkriege.

Danach gab es eine scheinbar erfolgreiche restaurative Phase der 50er Jahre, in der die Arbeits- und Gehorsamstugenden noch einmal beschworen, die patriarchale Vorherrschaft in den Familien und in der Wirtschaft und in der Politik noch einmal belebt wurden. Aber die alten Ideale des Männlichen waren am Ende. Neue Ideen, andere Visionen brachen sich Bahn. Freilich sind es bei genauerem Hinsehen in gewissem Sinn die alten Ideen, uralte Visionen. Sie bedienen sich des Fortschritts der Technologien, der Rechenmaschinen, der digitalen Systeme, der Computer und der elektronischen Übertragungsapparate.

XI.

»Die Physiker haben die Sünde kennen gelernt«, schrieb Oppenheimer nach dem Abwurf der ersten Atombombe über Hiroshima und Nagasaki. Der Himmel war leer, aber aus ihm brach eine neue Männermacht hervor. Kein Gott legitimierte sie, sondern nur der Geist der Machbarkeit. Auf die Frage, was sie an dem Bau einer Atombombe so sehr fasziniert habe, antwortete eine Reihe der Physiker und Ingenieure, die in Alamont dabei waren: die Idee, dass es gemacht werden könnte. Die Welt in ihre Mikrostrukturen zu zerlegen, das war die Faszination, die zur Produktion der Atombombe führte. Die ersten zwei Worte, die Oppenheimer auf dem Versuchsgelände in Nevada gesprochen haben soll, als sich der gewaltige Feuerball am Himmel entfaltete, waren: »It works«.

Eine weltweite Diskussion brach in den 50er Jahren auf. Brechts Galilei wurde auf jeder Stadtbühne nachgespielt, in den Schulen lernten die Kinder die Brechtschen Sätze auswendig: »Entgeistert ihre Kinder an sich drückend, durchforschen die Mütter die Himmel nach den Erfindungen der Gelehrten.« Der technische Fortschritt zeigte sich wieder in der Gestalt des Militärs. Insofern lernten andere Schulkinder an anderen Schulen die alten Durchhalte- und Kampfappelle. Der männliche Geist als Ausdruck von Entdecker- und Zerstörerlust war wieder zu besichtigen. Auch Brecht, der große Skeptiker, ging das Bündnis mit einem militärisch-totalitären Staatsapparat ein.

In diesen Jahren, etwa seit Mitte der 50er Jahre, begann die große Zeit der digitalen Werkzeuge, der Denkmaschinen, der Entfaltung der künstlichen Intelligenz. Von der öffentlichen Diskussion, die ganz auf den Atomtod zentriert war, beinahe unbemerkt, entwarfen Männer eine neue technologische Vision: so John Mc Carthy und Marvin Minsky am Zentrum für künstliche Intelligenz am MIT in Boston, Alan Newell u.a. mit IPL-II, dem ersten

Sprachprogramm der Künstlichen Intelligenz, Seymour Cray im Rahmen der legendären Drapa, jener militärischen Institution, bei der alle neuen Technologien zusammenflossen, und viele mehr. Sie arbeiteten an der Idee von der Herstellbarkeit der menschlichen und übermenschlichen Intelligenz mithilfe der Rechenmaschinen. Zuse im Nazideutschland 1941, Aiken 1945 und Eckart und Mauchley, 1948, in den USA entwickeln von Mark I bis ENIAC die ersten universellen vollelektronischen Digitalrechner. Als die Militärs im Zuge des Kalten Krieges ihr Interesse für die neuen Systeme und Denkformen bekunden, erfahren die technologischen Experimente einen erheblichen Auftrieb. Das berühmte ELIZA-Programm des Joseph Weizenbaum, bei dem ein Computer wie ein menschlicher Gesprächspsychotherapeut zu reagieren lernt und nicht von einem psychologischen Profi zu unterscheiden ist, erweckte ein kurzfristiges, eher anekdotisches Interesse. Es zeigt übrigens auch, wie verspielt, teilweise selbstironisch und trotzdem mit hochfahrenden Perspektiven die jungen Forscher über menschliche Kommunikationen, Denken in neuronalen Netzen, kognitive Leistungen nachsannen.

Den (oder zumindest einen entscheidenden) Durchbruch in diesen verschiedenartigen Denkbemühungen brachte wohl die Wiederentdeckung Wittgensteins. Der österreichische Sprachtheoretiker und Mystiker hat mit einer Selbstkorrektur die Tür zu wichtigen erkenntnistheoretischen Voraussetzungen bei der Erschaffung intelligenter Systeme eröffnet. In seinem tractatus logico philosophicus (1923) war Wittgenstein noch von objektiven Bedeutungen ausgegangen, die in der Sprache abgebildet werden – die Dinge sind »da« und werden sprachlich benannt; ein Sprachverständnis, das mit unserem alltäglichen übereinstimmt. Aber Wittgenstein korrigierte sich. In den »Philosophischen Untersuchungen«, 1953 auf Englisch erschienen, entwickelt er – dreißig Jahre nach dem

Traktat – die Vermutung, dass Sprache in Kontexten ihre Bedeutungen erst *erwirbt*. Verkettungen von Bedeutungen, Vorerfahrungen, assoziative und gefühlsmäßige Anteile konstituieren erst, was dieses oder jenes Wort, dieser oder jener Anruf, Ausdruck, Aufschrei zu erkennen geben. Verdeckte Wahrheiten treten für Momente an die Oberfläche der Kommunikationen und versinken wieder. Schopenhauers »Wille zur Wahrheit« scheint durch. In der Neurologie wird entlang einem vergleichbar dynamischen Verkettungsmodell über die Tätigkeiten des menschlichen Gehirns nachgedacht. Auch hier geht man zunehmend von Verschränkungen, von Funktionen aus, die sich oberhalb eines gewissen Spannungszustandes »entladen« und Spuren in die Gehirnstruktur einzeichnen, welche wiederum nicht statisch gedacht werden dürfen, sondern als initiierende Teile in die Denk- und Gefühlsvorgänge einwandern. Minsky entwickelt – zuletzt in »Mentopolis« – die aufregende Idee, dass in intelligenten Systemen jedes einzelne Teil, jeder einzelne Schritt simpel, unlebendig, unintelligent sein mag. In Anlehnung an die Wittgensteinsche Sprachbildung vermutet er aber, dass durch das Zusammenwirken verschiedener banaler »Agenten« Kompliziertheit entsteht. Diese wiederum generiertnotwendigerweise hierarchisch aufgebaute Bedeutungsschichten. Solche Schichtungen, untereinander kommunizierend, entfalten komplexe, sinnhafte und intelligente Leistungen, die dem kindlichen Lernen vergleichbar sind.

Kurz, die Denksysteme der Philosophie wurden aufgenommen und »in Bewegung versetzt«. Sicher war etwa die Dialektik eines Hegel auch »dynamisch«, aber letztlich doch auf ihre Vollendung im Rahmen eines Systems hin gedacht. Die Denker, Tüftler, Künstler und Ingenieure, die an den Entwicklungen der neuen Technologien arbeiten, haben dieses Vertrauen auf fertige Systeme nicht. Ihr Denken geht ins Offene. Ihre Vision endet im Unvorstellbaren. Etwa in einem Zukunftsentwurf, in dem sich selber erzeugende intelligente Systeme über das Fassungsvermögen des Menschen hinaus wachsen. Das hieße dann: Nicht sie werden nach den Modellen der menschlichen Intelligenz entworfen, sondern wir Menschen werden nach ihren Vorbildern uns selber, unser Wissen und unsere Wissensordnung, unsere Erkenntnisse und Erkenntnismethoden fortlaufend umwälzen.

Alle technischen und wohl auch alle philosophischen Visionen haben insgeheim einen universalen Charakter. Philosophie dieser Art, Technik dieser Art geht immer mit einem unduldsamen Machtanspruch einher, mag der ausgesprochen sein oder (häufiger) energisch dementiert. Er ist da, Teil der männlichen Herkunft solcher Philosophie und Technik.

Bis in die Neuzeit hinein hatte jedes wissenschaftliche und technische Experiment eine sozusagen anthropologische Grenze anerkannt: den Menschen selber. Die Maschinen ebenso wie das wissenschaftliche Denken hatten dem Menschen zu *dienen*. »Ich halte dafür, dass alle Wissenschaft dazu dient, die Mühsal der menschlichen Existenz zu erleichtern«, lässt Brecht seinen Galilei sagen. Wie so oft formulierte er in seiner schönen, kühlen Sprache den »Common sense«. Dieser galt nun nicht mehr. In Boston und Palo Alto arbeitet man an der Selbstüberschreitung des Menschen. Die intelligenten Systeme werden *ihn* prägen. Wir wissen das. Wir lassen unsere Kinder am Computer mit solchen intelligenten Systemen spielen. Wir betätigen unsere kleinen Finanztransaktionen mit Hilfe der technischen Intelligenz. Wir schaffen die mechanischen Maschinen, die in ihrer Kraftentfaltung den menschlichen Körpern nachgebildet sind und die wir in ihrer Wirkweise deshalb unmittelbar verstehen, inzwischen wieder ab und lassen an ihre Stelle digitale Verkettungen treten, deren Wirkweise wir nicht verstehen können – von einem Chip, der drei Milliarden Informationen auf eineinhalb Zentimeter sammelt, gibt es keine Vorstellungs»bilder«.

Die Entwicklungslinie zwischen der Selbstentdeckung des Menschen seit der Renaissance und der Selbstüberschreitung des Menschen in der Gegenwart ist leicht zu zeichnen. Sie beschreibt eine Geschichte des männlichen Geistes, die zu allen Zeitabschnitten vergleichbare Motive zeigt. Sie prägen unsere Gegenwart, sie bestimmen unsere Zukunft. Aber sie haben ein höchst irrationales Moment, das wohl ihre wahre Faszinationskraft ausmacht. Schopenhauer wusste davon, Freud ebenso. Wo alle menschlichen Vorstellungen überschritten werden, da eröffnet sich ein Möglichkeitsraum, der sich schon heute, mit Bildern und Phantasmen, Träumen und Verrücktheiten gefüllt, in Computergames, im Internet, in den digitalen Bildern des Kinos und Fernsehens Tag für Tag aufdrängt. Wir können ihm gar nicht entkommen. Was vor weniger als einem Jahrhundert in der Kunst noch als experimentell und schwierig galt, etwa der Futurismus, die Schreib- und Sprechakte der Surrealisten usw., bewegt sich für uns schon in einem gewohnten Vorstellungsraum.

Was das tradierte Menschenbild überstieg, wirkte vor wenigen Jahrzehnten provozierend. Heute wird es ästhetisch goutiert. Die Bilder des Marcel Dechamp, in denen Bildteile prinzipiell verschiedener Wahrnehmungsordnungen ineinander montiert sind, waren für seine Zeitgenossen verstörend oder nur sinnlos, auf uns machen diese Montagen einen beinahe kunstgewerblichen Eindruck, sie sind »main stream«, attraktiv und modern. Ein anderes Denken hat von uns Besitz ergriffen. Es vollendet und überwindet fünf Jahrhunderte bürgerlich-männlicher Denkweisen. Wir stehen ganz auf diesem Boden männlicher Geistesgeschichte, männlichen Ehrgeizes, männlicher Selbstrechtfertigungen und wissen zugleich, dass wir einen Flug in eine unerkundete Weite des Seelischen, des Intellektuellen und des Metaphysischen angetreten haben. Der Flug des Ikarus – vielleicht endet er diesmal nicht mit einem Absturz.

6. Kapitel

Zeitaufnahme 2

Die Punks: Die erste Mediengeneration kündigt eine neue Kultur an

I.
Die Nachfolger der Hippies hassen Natur und Sex und machen linken Sozialforschern schwer zu schaffen.

Anfang der 80er Jahre streunte ich gern durch die damals aufkommenden Punk-Discos, die in Berlin etwa so dunkel versponnene Namen wie Niemandsland, Nirgendwo oder Nevermore (das rabenschwarze »Nevermore« des E.A. Poe) trugen. Beeindruckend fand ich den Umgang mit Zeichen, den die jungen Punks sich angeeignet hatten. Es war in einer europäischen Jugendkultur wohl das erste Mal, dass eine Gruppe auf analphabetische Art mit Zeichen und Symbolen umging. Nämlich nicht so, dass sich jedes Zeichen, jedes Wort, jedes grafische oder alphabetische Signal auf einen klaren und definierten Inhalt bezog. Vielmehr *spielten* sie mit Zeichen, variierten und ironisierten ihre Bedeutungen, sie hatten eine Art ästhetisch intimes Verhältnis zu ihnen eingerichtet, das sie wohl nicht für jeden offen legen wollten.

Das machte vor allem den professionellen Jugendplanern und -forschern mächtig zu schaffen. Die wussten nichts mit dieser Zeichenwelt, die aus den Festlegungen der alphabetischen Bedeutungen und Sinnkonventionen ausbrach, anzufangen. Einer der bekanntesten Slogans aus den Punk-Ecken der Jugendkultur hieß: Keine Zukunft – no future. Sofort diagnostizierten die Forscher eifrig, dass es sich nur um einen verzweifelten Aufschrei junger Menschen handeln könne, die sich mangels Arbeitsplätzen und Existenzsicherung über ihre Zukunft den Kopf zerbrächen.

Das war in den frühen 80er Jahren so, wie es heute immer noch ist: Keiner der pädagogischen, psycho- oder soziologischen Profis raffte sich nur ein einziges Mal auf, mit den Jugendlichen zu reden (es sei denn in offiziösen Settings, die von der Deutschen Forschungsgesellschaft als förderungswürdig eingestuft worden waren). Keiner wollte mit ihnen *sprechen*, statt sie zu *befragen*. Außerhalb des wissenschaftlichen Rahmens wusste man mit den Jungen nichts anzufangen.

Hätte der eine oder andere der Jugendforscher einmal ihre Kneipen, Discos, Keller aufgesucht, wäre er nur ein einziges Mal durch den dicht verhangenen Rauchnebel von Haschisch und anderen Kräutern, den dröhnenden Klangvorhang gestolpert und hätte – freilich schwer vorzustellen – ein Gespräch begonnen oder auch nur etwas von der Luft (ein Euphemismus!), von der Atmosphäre, dem Existenzgefühl, der Lethargie und Spannung, die paradox in diesen halbdunklen Räumen herrschten, mitempfunden, gefühlt, eingeatmet, dann wären reihenweise Forschungsszenarien aufgegeben, zahllose Bücher, die die Unibibliotheken bis heute vollstopfen, nie geschrieben worden. Und gleichzeitig hätten sie sich nicht nur als Jugend-, sondern als Zukunftsforscher etablieren können, denn was es hier statt simpler Sozialempirie in Erfahrung zu bringen gab, das war nicht weniger als ein Vorschein von Zukunft in Verhalten und Mentalität der jungen Generation.

Um Arbeit scherten sich die Punks beim besten Willen nicht. Sie waren wahrscheinlich die erste (Teil-)Generation, die ernsthaft von der Arbeitskultur Abschied genommen hatte. Das Leben kreist nicht mehr um die Arbeit. Die Gesamtgesellschaft folgt dieser Einstellung langsam, mit Verzögerung, sie käme als eine massenhafte Einstellung ja auch ein wenig verfrüht. Aber immerhin haben wir uns bereits so sehr an den *Gedanken* gewöhnt, dass wir kaum noch nachempfinden können, wie provozierend das vor knapp zwanzig Jahren gewesen ist. Die Punks hatten auch sonst nichts im Sinn, was sich unmittelbar auf soziale Realität im Sinn klassischer Sozialforschung beziehen ließ. Sie hatten vielmehr ein Spiel mit ihrer schlampig-gestylten Erscheinung, mit Symbolen, Sprachformen und -fetzen, Grafiken und Graffitis an öffentlichen Plätzen in Gang gesetzt. Ihre Motive waren nicht ganz einfach zu erklären.

Arbeitslosigkeit konnte sie wenig beeindrucken, weil sie gar nicht arbeiten wollten. Zukunftslosigkeit beunruhigte sie auch nicht. Sie träumten von der Zukunft als einem großen »Endspiel«, durchaus im Beckettschen Sinn, wenn sie Beckett gekannt hätten. Und so wie der große Bühnenautor zwanzig Jahre vor ihnen – eine grandiose Erscheinung des männlichen Geistes in der Mitte dieses Jahrhunderts –, so drehten sie der Sprache das Wort um, bevor es ausgesprochen war.

Auf »no future«, das vielleicht noch zu nah am sozialen Kontext angelegt war und deshalb den Vernunftinhabern, Lehrern, »linken« Forschern und anderen natürlichen Feinden der Punks in die Hände spielte, folgten andere Slogans: Dead Kennedys, Klima raus. Ende der Eiszeit (ah, da witterte das zeitdiagnostische Gehör schon wieder rebellische Töne wider die Erwachsenenwelt!). Die Graffitis und die Kleidung waren von derselben Art: ein Bündel, ein Kaleidoskop von Zeichen, von Symbolhaftem ohne direkten oder indirekten Bezug auf die Zeichen*bedeutung*, nur Zeichen an sich, Wirkung an sich, Artistik an sich.

Das Punk-Phänomen platzte in das Abdriften der Polit- und Hippiekulturen hinein. Es ist auch heute noch faszinierend, weil hier auf eine intuitive Weise die späteren medialkulturellen Entwicklungen vorweg genommen wurden. Das zentrale Motiv war wohl das narzisstische. Die Aufkündigung des Realitätsprinzips: weit weg von allem, was normal und normierbar erschien. Selbst die Sprache erschien normgebunden. Sie haben nicht ganz Unrecht damit. Jedes Zeichen stellt Zusammenhänge her, jedes Symbol fasst Divergentes, Zerrissenes, Verschiedenartiges zusammen und bindet es zu einer Einheit. Diese ist wiederum in Bedeutungsebenen, in Hierarchien geordnet. Das ist die Form und Vernunft der alphabetischen Kultur, die Punks zeigten ahnungsvoll ihr Ende auf.

Der Punk-Traum, so erschien es mir damals, war ein einziges intuitives »Weg von allem« – ich weiß nicht, wie weit den Punks bekannt war, dass zur gleichen Zeit an vielen Orten an künstlicher Intelligenz, menschenähnlichen Robotern, Cyberrealität und vielem anderen, was wie Motive aus den Punk-Blättchen und »Social Beat Prosa« anmutete, gearbeitet wurde. Digitale Medien und Cyberspace, der Begriff wurde 1987 von dem SF-Autor William Gibson eingebracht, sollten den Punk-Inszenierungen erst Jahre später eine ganz eigene Realität verschaffen.

Zusätzlich zu der eben erwähnten »Verkettung« und dem Spiel der Zeichen, auf das Baudrillard bekanntlich früh hingewiesen hat, fällt ein weiteres durchgängiges Motiv auf: die Gleichgültigkeit, immer am Rande der Langeweile, die die Jungen zur Schau stellten. Später nannte das eine nachfolgende Generation »cool sein«.

Diese Langeweile hatte vielleicht einen etwas zu demonstrativen Charakter, um ganz ernst genommen zu werden, das mag schon sein. Aber das darf nicht darüber hinwegtäuschen, dass sie ein sehr intensiv empfundenes Grundgefühl, eine »Existenzgewissheit« auszudrücken schien, die die Punks miteinander teilten, ein merkwürdiges Lebensgefühl. Sie wollten sich betont von der sozialen Realität, der Normwirklichkeit der Erwachsenen, abkoppeln, aber warum musste ihre Abkehr in Gleichgültigkeit, warum in Langeweile enden?

Fiebriger als die Arbeit am Entwurf einer *Gegenwelt* kann doch kaum etwas sein. Aber davon spürte man bei den Punks nichts. Sie lungerten einfach nur herum, sie hingen durch und warteten auf irgend etwas, von dem sie schon vorher wussten, dass es nicht eintreten würde. *Niemals* eintreten würde. So wie sie mit ihrem Umgang mit Symbolen, Sprachen, Zeichen die Beziehung zur Alltagskultur weitgehend aufgekündigt hatten (oder aufzukündigen versuchten), so schienen sie auch die Hoffnung auf Befriedigungen, Wunscherfüllungen, Visionen aufzukündigen, bevor sie sich überhaupt damit befasst hatten. Sie erwarteten nichts. So erschienen mir die Punks damals – und erscheinen mir in ihrer 90er-Version heute noch – wie die Verkörperung des dunklen Freudschen Satzes, *dass etwas im menschlichen Begehren selber* seine Unerfüllbarkeit in sich trage. Als wüssten sie das und wollten gleich ganz aufs Wünschen verzichten.

Ich erinnere mich an eine lange, langweilige Nacht in einem kleinen Raum, den sich Punks in Berlin unterhalb eines S-Bahnhofes eingerichtet hatten: ein paar Matratzen, darauf kaum erkennbare Gestalten, meistens jung, ein paar Penner dazwischen und solche Leute wie ich, Nachtwanderer, die auch nicht wussten, wohin mit sich selber, alles im Halb- und Dreivierteldunkel, viel Bier, viel Kräuter, viel Rauch, wenig Gespräche, eigentlich gar keine, sondern nur Wortlaute, Aufbrüllen und dann wieder Stille für eine ganze Weile – man bewegte sich so, als begegnete man einander nicht wirklich, beziehungweise immer nur zufällig, mit äußerster Gleichgültigkeit. In dem Raum war keinerlei Spannung, auch keine unterschwellige, sondern ausschließlich Lethargie zu spüren, sozusagen ein allgemeiner Zustand von (oder besser *nach*) einer großen Enttäuschung.

Es war sehr seltsam, junge Leute, Mädchen und Jungen, junge Männer und junge Frauen, nebeneinander sitzend, nebeneinander liegend – und sie schienen doch kaum Notiz voneinander zu nehmen, berührten sich kaum oder wie zufällig, wie absichtslos und meist aggressiv. Manchmal streckte sich eine Hand nach einem anderen Körper aus, eine kleine Berührung, die aber nicht wie der Anfang eines sexuellen Kontaktes wirkte und es meist auch nicht war, sondern eher wie eine ermüdete Tröstung. Über einen großen Schmerz, eine Melancholie hinweg, eine innere Leere hinweg.

Eine Abwesenheit von Seelischem, das habe ich so nie wieder erlebt. Es war bedrückend, zugleich einlullend. Man kann in solche Stimmungen einsinken und hat Mühe, sich wieder aufzurappeln. Wozu denn auch? Jedes Streben, jeder Wunsch – wie abgestorben.

Freud sagt über das menschliche Streben, dass es »ewig weiterdränge«: Man darf hinzufügen, weil es nie ans Ziel kommt. Mir kam es so vor, als hätten die jungen Punker genau diese tiefenpsychologische Anthropologie verinnerlicht und ihre Konsequenzen daraus gezogen. Als würden sie das »Streben« aufkündigen und sich erst gar nicht auf den endlosen Pfad der Bedürfnisbefriedigung begeben, von dem nicht nur die asiatischen Religionen, sondern auch die Tiefenpsychologie (und offenbar auch diese jungen Punks) wissen, dass er ohne Anfang und ohne Ende ist. In solchen Räumen herrscht Begierdelosigkeit, soweit sie Menschen überhaupt möglich ist.

Halten wir uns vor Augen, dass diese Jungen die direkten Nachfolger der Hippiegeneration und der Jugendrevolten waren, die sich – so lange war das noch nicht her! – aus dem Mief einer antisexuellen Erwachsenenwelt der 50er und 60er Jahre freigekämpft und die Befreiung des Sex zur zentralen Position ihrer Zukunftsentwürfe erhoben hatten. Aber wir haben ja schon gesehen, dass sich mitten in diesen Revolten eine Gegenbewegung zu Wort meldete, die mit Körper und Natur und demzufolge auch mit Sexualität eigentlich wenig anzufangen wusste. Ihr lag mehr daran, im chemischen LSD-Rausch die Wirklichkeit oder jedenfalls die *Wahrnehmung* der genormten Wirklichkeit abzuschaffen und mit Hilfe intelligenter Maschinen alles umzuwälzen, was Körper und Natur hieß. Die Punks waren, mit anderen Worten, weniger die Erben der Hippies als viel mehr (unwissentlich) die Nachfolger jener Anti-Natur-Emphatiker, die inzwischen in Kalifornischen und Bostoner Instituten und betuchten Firmenlabors arbeiteten und über die Abstraktifizierung der Wirklichkeit, die Verdünnung der Realitäten zu Codes und immer perfekteren Maschinen nachdachten.

II.
Was frag ich viel nach Geld und Sex, wenn ich total unzufrieden bin. Über die Langeweile und die Gefahren des Alleinseins

Diese Jungen lagerten und dösten gern in Zwischenrealitäten. Unangestrengt zwischen Wirklichkeit und Rausch – dort fühlten sie sich noch am ehesten »zuhause«. Und so sah auch ihr Umgang mit Zeichen, Wortsymbolen aus, so waren auch ihre Graffitis. Den Sprachkonventionen entnommen und dann umgedreht, auf den Kopf gestellt, verwirrt, und dabei kamen Wortspiele zum Vorschein, die mal eine Pointe hatten und mal nicht. Die pointenreichen wurden weitergereicht.

Ein merkwürdiges Untergrund-Kommunikationssystem, das quer durch die Großstädte Europas und Nordamerikas zu führen schien, versorgte die Gruppen in Berlin mit den Slogans von Boston und Chicago und wieder zurück nach Paris, London und tief in die Provinzen. Die Punks gingen mit Symbolen um wie mit ihren Körpern: zufällig. Und auf diese Weise stellten sie einiges in Frage, was bis dahin ziemlich unbefragt als gegeben angenommen worden war. Wir haben beides kurz gestreift. Zum einen die Universalität und Verständlichkeit der Zeichen, vor allem der alphabetischen Schriftzeichen und ihrer trennscharfen Bedeutungen (so dass einer vom anderen genau weiß, was er meint und wovon er redet oder schreibt). Das Alphabet erschuf in der menschlichen Geschichte erst die Bedeutungsgenauigkeit des symbolischen Austausches, die Punks wollten eben dies zurücknehmen. Zum Zweiten stellten sie in Frage, was in Frage zu stellen vor ihnen niemandem in den Sinn gekommen war – einige literarische Dandys zu Ende des 19. Jahrhunderts ausgenommen –, nämlich die Annahme, dass der Mensch immer und unter allen Umständen ein von Begierde getriebenes Wesen sei.

Sie kündigten eins wie das andere auf: die allgemeine Verständlichkeit der kommunikativen Symbole und das begierige Getrieben-Sein. (Man muss immer hinzufügen: soweit dies unter Menschen möglich ist.) In manchen dieser Gruppierungen erreichte die Konsequenz, mit der sie die Kommunikation mittels verbindlicher Zeichen und Nähe mittels körperlich-geschlechtlicher Attraktivität verweigerten, ein imponierendes Ausmaß. Als sei eine ganze Teil-Generation in eine schlaffe, aber durchgängig betriebene meditative Übung verfallen und sei nunmehr gewillt, auf Dauer darin zu verharren.

Johnny Rotten, einer der Pop-Punks aus den Anfängen, schrieb: »Was soll Sex schon sein? 30 Sekunden gurgelnde Geräusche.« Zitate solcher Tonlage finden sich bei den Punkern zuhauf. Sie entzückten damit auch die Pop-Dandys, die späten Nachfahren der flanierenden Müßiggänger aus dem 19. Jahrhundert. Diese huldigten zwar einem gehobeneren Life-Style, teilten aber mit den Punkern viele Lebenseinsichten. Boy George beispielsweise schwärmte: »Ich würde ein gutes Gespräch bei einer Tasse Tee jederzeit einem Beischlaf vorziehen.« Die Punks hatten gegen solche Sprüche keinerlei Einwände – es musste ja nicht unbedingt Tee sein!

Das war der Geist in den späten 70er Jahren, erste Folge der sexuellen Revolution: eine um sich greifende Mattigkeit.

Da war ein Überdruss in dieser Generation, der allem Natürlichen und allen körperlichen Bedürfnissen galt. Während in der erwachsenen Gesellschaft soeben die »grünen Umwelt- und Naturschützer« salonfähig wurden, eine anfangs als radikal gedachte Frauenideologie sich als mehrheitsfähig erwies, ein Beziehungs- und Ich-Kult an die Stelle der alten sozialen Tugenden trat, taten die Punks exakt das Gegenteil. An die Stelle der redseligen Gruppengespräche trat ein ausuferndes Schweigen beziehungsweise ein gleichmütig-verspielter Umgang mit wenigen Worten. An die Stelle der natürlichen Sexualität die (weitgehende) Verweigerung durch Desinteresse. Was blieb? Die Beschäftigung mit sich selber. Das erklärt die allgegenwärtige Langeweile. Wer allzu lange mit sich selber und seinen Gedanken und Gefühlen allein bleibt und um sich kreist, den packt früher oder später eine entsetzliche Langeweile. Menschen halten es nur sehr begrenzt mit sich selber aus. Dann brauchen sie wieder Zufuhr von außen. Reden und Fühlen, Anfassen und Hoffen, Lieben und Leiden – anders geht es gar nicht. Wir haben von der Tragödie des Narziss' gesprochen, der sich nach dem Bild des Anderen sehnt, aber immer nur sich selber findet. Er verzehrt sich und vergeht. *Wer aber nicht das Privileg des Mythos, einfach zu vergehen, für sich beanspruchen kann, der fängt eben an, sich zu langweilen.* Gewiss war und ist die Punk-Kultur mit ihrem verschmuddelten Ästhetizismus, ihrem Eigensinn und ihrer Gleichgültigkeit eine Kultur der Narzisten.

Die narzisstischen Motive: Weg mit der Bindekraft der Symbole, wir schaffen eine eigene verspielte Symbolwelt, die nur für uns und immer nur für diesen Augenblick gilt, und danach nicht mehr. Danach gilt eine andere Symbolik, die wir uns wieder neu einfallen lassen. Weg mit der Hingabe an die Körperbegierde, die uns an das andere Geschlecht und gleichzeitig an das eigene fesselt. Überhaupt die Macht des Körpers über die Ungebundenheit des Willens – das war etwas, das Dandy und Punk in gleichem Maße als Skandal erschien. Weg damit!

Diese jungen Leute hatten etwas von den Schläfern im Schlaraffenland. Zwar flogen ihnen keine gebratenen Tauben in den offenen Mund, aber man hatte, wenn man mit ihnen sprach, immer das Gefühl, dass es eigentlich so sein *müsste*. Als wäre es sozusagen ihr gutes Recht!

Nun ist die Legende vom Schlaraffenland, wie ich in meinem Buch »Abschied vom Gewissen« ausführlich dargestellt habe, so etwas wie ein menschheitsgeschichtlicher Traum. Schlafen, und dabei gefüttert werden, also ohne Wunsch sein, weil der kleine Zeitabstand zwischen Wunsch und Erfüllung, der das omnipotente narzisstische Gefühl so empfindlich stört, erst gar nicht eintritt. Ohne Bewusstsein, aber gesättigt, ohne Wunsch, aber versorgt – das ist in den alten Legenden der Urtraum der narzisstischen Erfüllung.

Freilich wäre es, wenn die Punk-Träume in Erfüllung gingen, ein verwüstetes Schlaraffenland. Die andere Seite des männlichen Narzissmus, die destruktive, die sich mit der ästhetischen Empfänglichkeit so leicht vermischt, war bei ihnen auch zu finden. Sie schwärmten geradezu von Verwüstungen, von leeren und vernichteten Landstrichen. In Filmen wie »Mad Max« beispielsweise – wie »Terminator« (vgl. das folgende Kapitel) ein dem Zeitgeist abgelauschter Erfolg – wurden diese Phantasien ausgebeutet. 1980 machte eine Fotomontage, die der »Stern« veröffentlichte, die Runde. Sie zeigte europäische Waldlandschaften so, wie sie nach Meinung bestallter Geologen und Klimaforscher im zweiten Jahrtausend aussehen werden, wenn die Klimakatastrophe fortschreitet. Leere, verkarstete, gebirgige Wüsten. Das war natürlich in jenen Jahren, in denen das Natur- und Umweltbewusstsein in einem linksliberalen Milieu en vogue war, als Mahnung gemeint. Passen wir auf, was daraus wird, wenn wir die Natur zum Feind erklären, zum ausbeutbaren Feind! Aber die Warnung kam bei den katastrophensüchtigen Punks ganz anders an. Sozusagen als ästhetische Stimulanz. Die großformatigen Stern-Bilder wurden Kult: »Bow, sieht ja geil aus.«

III.
Im Inneren des Medienschoßes.
Punk auf dem Sofa

Zum ersten Mal wurde in dieser Deutlichkeit eine soziale Verständigungsweise sichtbar, in der Medienerlebnisse nicht nur nachgeahmt, über sie geredet und getratscht wurde (das gab es spätestens seit dem Fernsehen auch im kleinbürgerlichen Alltagsmilieu), sondern darüber hinaus in die *Form* der medialen Vorgänge in den Alltag hinübergenommen wurden. Die Abstraktifizierung der menschlichen Verhältnisse erreichte in dieser Subkultur einen ersten ahnungsvollen Höhepunkt. Diese Jungen schwebten gleichsam von einer medialen Erfahrung zur anderen. Nebenbei produzierten sie selber »Medien«: Graffitis, Schmuck, Musik, und nichts, rein gar nichts von dem, was sie zeichneten, hämmerten, sangen bzw. brüllten, war naiv. Nichts davon war einfach »für sich«, gewissermaßen in einer ersten Realitäts- und Aussageebene verständlich. Alles baute auf vorhergehenden Erfahrungen auf, und das waren immer Medienerfahrungen.

Hier wiederholte sich etwas, das sich seit den 70er Jahren auch in den bildenden Künsten (ein anderer die Zukunft deutender Zeitspiegel, der eine Darstellung wert wäre) ereignet hatte: Diese »Sprache« war eigentlich nur noch dem verständlich, der eingeweiht war in den Fluss der Zeichen und Töne und Verlautbarungen medialer Art, an die sie sich anschlossen, mitkommunizierten, mitschrieben, brüllten, pinselten, sprühten, die medialen Vorerfahrungen mal nachahmend, mal ironisierend, mal überhöhend, mal unterlaufend, widerspenstig oder opportun, eigenwillig oder angepasst: Wer nicht in diesen Kontakten mitten drin war, im Fluss der Zeichen mitschwamm, verstand sie nicht.

Wer die gesprühten, dahin gedröhnten und gerifften oder sonstwie fabrizierten Symbolereignisse »für sich« nahm, wer ihnen mit einem naiven Verständnis begegnete und nach ihrer Botschaft Inhalt suchte, hatte das Entscheidende an dieser Subkultur schon verfehlt: nämlich dass sie in jedem Fall, in jedem Detail, jeder Äußerung »vermittelt« ist. Es war keineswegs ein verfeinertes ästhetisches Bewusstsein, das sie dabei antrieb, natürlich nicht, sondern es war die selbstsuggestive Beschwörung einer Lebens- und Kommunikationsweise, welche die weiche Welt der Medien, der vielfachen Strömungen aus ästhetischen Vorgängen, die Umhüllung der Töne und Bilder niemals ganz verlässt.

Gleiches galt für die Musik, die Klänge, den wabernden Bass, der sich allmählich bei den Punk-Gruppen durchsetzte, wummernd und dunkel und schwer, ein melancholisches Geräusch, vielfach übertönt, überschrien, überkreischt – und wieder unzählige Varianten, Verfeinerungen, Zuspitzungen dazu: Aus diesen Klangformen entwickelten sich später, sehr konsequent, die »Techno«-Klänge, und wieder geht es bei Punk oder Techno nur um die Versenkung, das Einlullen und Eindröhnen, das Ich-Vergessene in einer Art artifizieller Trance.

Im Inneren der Medienwelten zu verharren, das gab den Punks offensichtlich ein wohliges Existenzgefühl. Die Wirklichkeit wurde aufgeweicht. Sie war jetzt nicht (oder nicht nur) so, wie sie der erwachsenen Vernunft erscheint und wie sie einem Kind beigebracht wird: starr und widerständig. Sie war als punkiges Medienereignis von einem Augenblick zum anderen veränderlich, ihre Bedeutungen waren immer nur vorläufig, ihre Ordnungen unverlässlich.

Der geniale McLuhan sah in ihnen die Kinder einer Fernsehkultur. Im Fernsehen wird der Zuschauer, so McLuhan, eingehüllt in den fortlaufenden Prozess von 30 000 Lichtpunkten, die sich auf- und abbauen. Die Sinnesorganisation richtet sich nicht mehr, wie beim Lesen, bei der alphabetischen Reihe, nicht mehr wie im Kino oder beim Zuhören am Radio auf die Folge der Ereignisse, sondern auf den Vorgang der Rezeption, die Situation vor dem Fernseher, das Herumsitzen, das Zappen, das Versorgt-Sein ohne Beginn und ohne Ende. Wer schaut schon einen Film von Anfang bis Ende im Fernseher? Das strengt an. Das erfordert seelische Mühe. Wir springen lieber. Zapppen. Wir liefern uns lieber dem Medium und seinen sanften Bildern als ganzen aus, als dass wir uns auf die Entzifferung einer einzigen Filmhandlung einlassen. Wir tasten mit den Augen den Raum des Monitors ab. Wir dösen gern (wie die Punks in ihren unbequemen Räumen) vor dem TV-Apparat. Wir essen gern dabei. Trinken. Dann ist das Fernsehgefühl erst komplett. Wir räkeln uns auf dem Sofa oder im Sessel. Wir verlieren die Form. Wir brauchen uns nur einmal vor Augen halten, wie wir uns an einem richtig gemütlichen Fernsehabend allein oder zu zweit verhalten, und uns dann noch einmal vor Augen führen, was ich eben skizzierend über das Lebensgefühl der Punks gesagt habe, dann fällt es uns schon deutlich genug auf, wie ähnlich wir ihnen sind! Insofern mag McLuhan mit seiner intelligenten Beobachtung schon Recht haben. Das Medium des Punk-Lebensgefühls war das Fernsehen. Die Maschinen allerdings, die sie für ihre Musik, ihre Videos, die Motive, die sie in ihren Graffitis benutzten, waren anders. Sie waren dem Fernseh-Leben voraus. Sie antizipierten neue Maschinen, die digitalen.

IV.
Die Hippies und die Militärs oder: Neue Techniken führen in der Geschichte immer zu neuer Männergewalt.

Wie weitgehend McLuhans Spekulation auch zutreffen mag, klar ist: Das Ausblenden des Realitätsanspruchs war das zentrale Kennzeichnen jener Jugendkultur, die sich an die Hippies und Revolten anschloss. Im Glücksfall wird aus solch einem Lebensentwurf der freie narzisstische Flug ins Weite, in die »freundlichen Weiten«, von denen Balint spricht, einer Vollkommenheit entgegen, für die es im Realen kein Maß gibt. Der gefahrvolle Flug des Ikarus. Zugleich ist in diesen kollektiven Narzissmus ein zweites Motiv eingewoben, das ich schon andeutete: das Destruktive. Es entwickelt sich aus dem Narzissmus mit Konsequenz.

Denn keiner der omnipotenten Wünsche geht in Erfüllung. Nie tritt das Versorgt-Sein so ein, wie es das ursprünglich symbiotische Verlangen will. Die andere, dunkle Seite des Narzissmus macht sich früher oder später in allen Lebenskulturen, die ihm anhingen, bemerkbar. Spätestens dann, wenn die realitätsflüchtige Existenzweise von der Wirklichkeit wieder eingeholt wird. Dann schlagen die weichen Ästheten plötzlich um sich, oder sie richten ihre dunkle Wut gegen sich selber oder gegen ihresgleichen. Wir wissen, dass auch die Punk-Gruppen in großen Teilen genau diese Entwicklung nahmen. Selbstversponnen zuerst, dann mehr und mehr aggressiv. In gewissem Sinn schwer berechenbar, wohl auch für sich selber.

Aus jedem Fest drohte schon bald ein Ausbruch kollektiver Aggressionen zu werden. Eine Kontrolle gab es nicht. Sie hatten sich an die elektronischen Übertragungsapparate gehängt, polierten ihre Musik mit digitalen Maschinen, träumten von Mad Max und Easy Rider, von tonnenschweren Trucks oder der Harley Davidson, die ins Land der Freiheit jagen. Immer endet die Bindung an Apparate, Geschwindigkeit und maschinenhafte Eleganz in der Destruktion. Das war bei den Punks so, aber nicht nur bei ihnen.

Da tritt etwas zutage, was insgeheim in allen Männerträumen verborgen zu liegen scheint. Es ist ein faszinierendes und bedrohliches, vielleicht anthropologisches Phänomen. Die technischen Erfindungen enden immer in noch mehr Gewalt.

Die Beherrschung der Mechanik und der Räder und die gleichzeitige Erfindung des Schießpulvers bereitete den dröhnenden wilden Klang der Kanonen vor. Die ersten Gleise der Eisenbahnen waren kaum gelegt, da wurden auch schon Kriegsgeräte transportiert. Nichts trieb die technische Entwicklung in allen ihren Phasen so mächtig voran wie der Krieg und bereitete weitere Kriege vor. Die Flugzeuge, aus denen Jagdflieger und Bomber wurden. Die Erkunder der Meere fanden sich in U-Kriegsbooten, an Torpedos gekettet, wieder. Die Erforscher der physischen Elementarteile, die die Physik beherrschen wollten, bauten die Bombe und hätten um ein Haar die Menschheit ausgelöscht. Immer war beides ineinander gemengt: die Erfindung der Maschine, die Faszination der Maschinen und der kollektive Tod (der die Erfinder nicht verschonte).

Die Maschinen, von denen die intelligenten Spinner in den Hippie-Kommunen träumten, hatten ihren destruktiven Charakter von Beginn an offen dargelegt. Der Computer, der seine übermenschliche Regulationskraft und seine Ordnungsfunktionen zum ersten Mal »in real« erprobte, stand bekanntlich im Pentagon. Von dort, von der Entdeckung der strategischen Maschinenintelligenz ausgehend, kam die Idee einer Vernetzung der maschinellen Funktionen auf, das Internet. »Dr. Seltsam« lernt in Kubriks Film über eine Befehlsmaschine »die Bombe zu lieben«. Diese Maschine ist der Computer, und ihr Erfinder ist ein Mann, der nur teilweise fleischlich, teilweise selber eine Maschine ist. Selber zusammengesetzt und am Leben erhalten durch mechanische Teile, Ersatzteile, durch die unwillkürlich der Impuls zum hochgereckten Hitler-Gruß zuckt. Bei Kubrik ist der Zusammenhang, auf den ich hinweisen will, interpretiert. Die Maschinentechnik, erweitert um brillante Intelligenz, die die menschliche überragt, das ist seit den 50er Jahren die Forscher- und Ingenieursvision von den intelligenten Robotern, es ist auch der Steckbrief des Dr. Seltsam, des Bombenliebhabers, des Todbringers.

Die Schrift hat in der Kulturgeschichte eine Universalität der Gedanken möglich gemacht. Die Spinner, Phantasten, Erfinder, Programmierer träumen heute von dem Maschinennetz, in dem *alle* Gedanken unmittelbar miteinander kommunizieren und insofern die Denkmaschine selber universell wird. Sie leistet, nein sie *ist* mehr, als *ein* Bewusstsein jemals zu leisten und zu sein vermöchte – das Weltbewusstsein. Das Über-Ich. Der Über-Mensch. Wenn wir uns an die männliche Geistesgeschichte und die kriegerischen Traditionen erinnern, dann kann es uns nicht mehr verwundern, dass in der Dynamik der digitalen Entwicklung so ungleiche Partner verträglich zusammenfanden und einer in die Hände des anderen arbeitete: das Militär und die brillanten Hippies.

Beide Seiten der Tradition waren und sind in der Punk-Kultur wieder zu finden: die maschinelle Hypertrophie und die Destruktivität. Sie nahmen im Rahmen der Punk-Kultur einen vorrangig medialen Charakter an.

V.
Vom Punk zu Techno. Die Musikinstrumente werden künstlich. Die Egos auch

Die Künste und die Medien mischten sich mit den intelligenten Maschinen. Das war ein wichtiger Entwicklungssprung im Rahmen der Punk-Kultur. Die Computer berechneten nun nicht mehr allein Strategien und Aufmarschpläne, Luftverbindungen und biochemische Gleichungen, sie erschufen auch neue Medien. Neue Klänge, neue Bilder. Nie gehörte Klänge, die es in der Natur nicht gibt. Nie gesehene Bilder, die im Realen kein Vorbild haben. Ausdruck pur, ohne Bezug zu Mensch und Ding und erst recht ohne Bezug zur *Ordnung* von Mensch und Ding, Subjekt und Objekt.

Es ist vielleicht nicht genügend beachtet worden, wie massiv die Punk-Gruppierungen die Mediatisierung der Computer vorantrieben und wie sehr vice versa die Punks durch ihren artifiziellen Lebensstil einer Computerisierung der Ausdrucksmedien Vorschub leisteten. Vielleicht waren sie, wie McLuhan annahm, in ihren bewussten und unbewussten Eigenarten, ohne es zu wissen, Kinder des Fernsehens. In jedem Fall aber waren sie Erben der neuen Technologien.

In Deutschland war die Entfaltung der maschinellen Klänge per Computer eine Zeit lang vorherrschend. Zeitweise war die deutsche Musikszene Avantgarde für die westliche Welt. Dabei konnten die jetzt entstehenden Punk-Gruppen auf die Erfahrungen mit elektronischer Musik in den 60er Jahren zurückgreifen. »Einstürzende Neubauten« oder »Kraftwerk« experimentierten zuerst, auf der Suche nach mechanischen Lauten und Tönen mit Fabrikmaterialien, mit Eisenrohren, Hämmern, Kesseln. Sie fabrizierten ihre Klänge in Garagen, leeren Fabrikhallen. Das A-tonal-Maschinenhafte wurde Klang, stetig wiederholter monotoner Klang. Den suchten, formten sie: Das Zerrissene und Maschinenverhaftete dieser Jugendkultur wurde *hör*bar. Das Maschinenhafte wurde Klang und dann, weil es monoton war, Klang*system*, berechenbar wie eine Gleichung. Der Verknüpfung von Maschine und Musikinstrument stand nichts mehr im Weg. Beide potenzierten einander.

Der a-menschliche Ton in perfekter Wiederholung, in identischer Folge, in tranceähnlicher Dauer war im Computer relativ einfach zu erzeugen und war ausdauernd: Wo ein Mensch (ein Musiker) müde wurde und seine körperlichen und seelischen Grenzen spürte, da hielt er an. Immer weiter, immer tiefer in die Trance hinein. Ohne die Maschine keine Trance, jedenfalls nicht *diese*.

Die computerisierten Klänge durchbrachen die Grenzen, das Maß des Menschlichen – darauf kam es an: Das Entgrenzte wiederum erzeugte seelische Abwesenheit und Ekstase zugleich. Für eine kurze Zeit waren die genannten Gruppen, Kraftwerk vor allem, technologisch-musikalisch führend, sie prägten den Stil der populären Musik, nicht nur in Deutschland, sondern auch in den Vereinigten Staaten und damit weltweit. Andere schlossen sich rasch an, der Markt ist gefräßig im amerikanischen Musikgeschäft.

Dies war der Übergang zu einem anderen, dann bereits hochkommerzialisierten Musikstil, mit dem die Computer endgültig die Musikindustrie eroberten und eine musikalisch-rhythmische Richtung erfanden, die das Lebensgefühl junger Menschen bis heute besetzt: zunächst break dance, später Techno. Musik, die eigentlich keine Musik ist, Tanz, der eigentlich kein Tanz ist, sondern etwas ganz anderes.

Ich will die Darstellung der Entwicklungen der populären Kultur hier abbrechen, bei unserem Besuch auf den Hinterhöfen einer Berliner Künstlersubkultur kommen wir im letzten Kapitel darauf zurück. Hier soll es ausreichen, dass wir festhalten, wie sich in der Punk-Kultur ein zukunftsfähiges Bild von Medienkultur mit ihren narzisstischen, realitätsflüchtigen und destruktiven Anteilen zum ersten Mal etablierte. Je genauer wir sie betrachten, desto intensiver scheint in ihnen ein Bild von Zukunft auf. In der übrigen Gesellschaft, wie gesagt, dominierten seit den frühen 80er Jahren zunehmend die frauen- und friedens- (und damit immer auch natur-) bewegten Einstellungen. Sie waren so etwas wie ein Firnis, der sich über die fun-selige Gesellschaft der Bundesrepublik in den 80er Jahren spannte. Es sollte sich bald zeigen, wie unverlässlich diese Tugenden, wie wenig wirksam diese Einstellungen waren.

7. Kapitel

Transformationen des Männlichen. Drittes Beispiel

Cyborg im Kino. Ein Maschinenbild von Mann, eine neue Art von Sohn und eine Stereotype von Frau

Kennen Sie Sarah Connors? Wahrscheinlich nicht. Aber Sie kennen Arnold Schwarzenegger und den Filmtitel »Terminator«. Terminator I und II. Sarah Connors ist der weibliche Widerpart, Mitstreiterin, Geliebte und Feindin im zweiten Terminator. In beiden Filmen wurde – mitten in den Kinozentren, den Tempeln der Jugendkultur von Tokyo bis Berlin – mit den feministischen Theorien (und Ideologien) gründlich aufgeräumt. Solche Filme, zumal die amerikanischen, leisten oft zweierlei: Sie resümieren Zeitgefühle, bevor die offiziösen Kulturwissenschaften sie nur zur Kenntnis genommen haben, und sie setzen den Trend, den sie erspürt haben, fort, multiplizieren ihn, schwemmen ihn ins Bewusstsein und ins Identitätsgefühl und -gehabe von Millionen Teenagern und jungen Erwachsenen.

So war es auch hier. Terminator I und II gelten in der Film- und der Technikgeschichte als Durchbruch. Und zwar als Durchbruch des Cyborg – jenes maschinellen Körpers, in dem Mechanik, Elektronik und Computerisierung eine einzigartige Verbindung eingegangen sind. Die Tatsache übrigens, dass das junge Publikum ein sehr konventionelles, sozusagen »vor-emanzipatorisches« Frauenbild, wenn es auch modisch eingekleidet daher kam, widerspruchslos akzeptierte, war im Erscheinungsjahr 1983 bereits ein Hinweis auf die mangelnde Attraktivität feministischer Theorien und Überzeugungen bei der nachfolgenden Generation.

In »Terminator I« war der Cyborg T 1000 noch ein reines Maschinenwesen, ausgestattet mit Verstand, aber ohne Gefühle. Er lässt sich von keinerlei Widerständen aus der materiellen Welt aufhalten und schreitet unreflektiert, unverletzbar durch eine aberwitzige Welt der Destruktion – eine leicht entflammbare Filmkulissenwelt!

Starren Gesichts, eigentlich gesichts*los* – wer könnte zwischen Schwarzeneggers muskeltrainierter Reglosigkeit und einer Computeranimation unterscheiden? –, seelenlos, und schon deshalb kaum zu stoppen.

Vor allem aber gewissenlos.

Ein Cyborg kennt nur das Funktionieren seiner Einzelteile und sonst nichts, und damit ist aus seinen Aktionen und aus der ganzen Kinokultur, die er verkörpert, das Soziale hinweggeschafft. Sozusagen spurlos verschwunden.

Was ein »Anderer« sagt, was ein »Anderer« fühlt, davon weiß der T 1000 nichts, das erzeugt in seinem Gesicht nicht die geringste Reaktion. Wie denn auch: Er ist ja in den Mechanismus seiner Funktionen eingeschlossen. Ein Cyborg kennt sich nicht, kennt keine Gefühle und keinen Körper, jedenfalls kein Körperempfinden. Damit keinen Schmerz, damit kein Mitgefühl.

Körper und soziale Mitwelt, beides gehört zusammen. Eines ist nicht ohne das andere, eines erzeugt das andere notwendig. Wer Mit-welt wahrnimmt, nimmt auch sich selber inmitten der Welt als »Person« wahr, als Identisches und Identifizierbares.

Im Spiegel der Blicke und Gefühle der anderen Menschen und der natürlichen Dinge formt sich erst Bewusstsein.

Und ebenso gilt: Wer sich als Körper kennt, kennt sich in seiner Begrenztheit und weiß, dass er, empfindsam und verletzlich (und verletzend), gegen die Anderen anstößt, dass er sich ihnen in Bewegung, Verhalten und Verstehen angleichen muss und dadurch von ihnen geprägt wird.

Das alles gehört zur Konstitutionsgeschichte des westlichen zivilisatorischen Menschen und seiner »Identitätskonstruktion«. In ihnen ist immer beides zusammen: Körperbewusstsein und Wissen um die Welt, Ich-Gefühl und die Wahrnehmung des »Anderen«. Eine andere »Identität« können wir uns gar nicht recht vorstellen. Aber genau die (eine ganz andere!) wächst zur Jahrtausendwende mitten in unserer Kultur heran.

Der »Terminator« ist eines der ersten künstlerischen Zeugnisse dieser Entwicklung.

Eigentlich ist es erstaunlich, ja geradezu beeindruckend, wie genau die kalifornischen Drehbuchschreiber, denen man zeitdiagnostische Fähigkeiten nicht unbedingt nachsagt, gesehen oder gefühlt haben, dass die Cyborg-Technik mit den Fundamenten unserer humanen, aufgeklärten Kultur aufräumt. Sie haben im Cyborg-Terminator einen totalen Gegenentwurf zur Aufklärung und ihrem Ideal der persönlichen Autonomie und Freiheit vorgelegt.

Der Terminator ist ganz und gar ohne die Fundamente des abendländischen Selbst. Er ist ein selbstisches Objekt ohne Selbstbewusstsein. Eine Ego-Zentrik ohne Ich. Ein Zerstörer ohne Kenntnis der Welt, die er vernichtet.

Kein Zweifel, dass genau diese egozentrischen und destruktiven Motive Ursache dafür waren, dass Terminator I und II weltweit ein Riesenerfolg wurden, natürlich vorwiegend unter den männlichen Kinobesuchern. Was da auf der Leinwand überlebensgroß realisiert wurde, das war der uralte männliche Traum, in dem *Kraftpotenz und uneingeschüchterte Egomanie* eine Verbindung eingingen. Dieser Cyborg – das ist der alte Maschinentraum, der Hang der Männer, sich mit den Maschinen zu identifizieren. Fritz Langs 1926 entstandener Film »Metropolis« beispielsweise handelt von solchen Maschinen-Potenz-Träumen der Männer.

So weit erscheinen die Dinge noch einigermaßen übersichtlich. »Terminator« markiert einen Endpunkt in einer historischen Bewusstseinsentwicklung, die uns bis zum Überdruss bekannt ist. Aber einfach liegen die Dinge niemals, nicht in der Wirklichkeit und nicht in Hollywoods Milliardenerfolg.

I.
Cyborg und das Modell einer neuen Männlichkeit

Eigentlich war es so geplant: Nicht Schwarzenegger und der Cyborg, sondern sein *menschlicher Gegenspieler*, der die Menschenwelt vor dem Übergriff des Cyborg rettet, sollte Held des ersten Terminator-Streifens werden. Er ist es nicht geworden. Die Figur des Cyborg wirkte auf die jungen Kinobesucher so faszinierend, dass der »reale« Mensch mit seinem weichen, verletzbaren Körper daneben wie ein »natürlicher« looser erschien und keinerlei Sympathie für sich verbuchen konnte. Er geriet in Vergessenheit. Der »Mensch«-Darsteller, der sich vermutlich am Beginn einer Weltkarriere geglaubt hatte, musste seine Träume begraben.

Statt dessen wurde Arnold Schwarzenegger, der Terminator, über Nacht ein Weltstar. Sein in der Totalität der Regungslosigkeit erstarrtes Gesicht avancierte zur Pop-Ikone. Eine Kultfigur, in der alles Menschliche verblasste.

Nun war der T 1000 aus »Terminator I« noch ein mechanisch konstruiertes Wesen, aus harten Metallteilen zusammengesetzt, dem eben genannten Lang-Film mit seiner Maschinenästhetik ähnlich. Doch der war 1983 technisch schon überholt. Viel zu real. Er wurde geändert.

T 2000 in »Terminator II« ist kein maschinelles Wesen mehr, sondern eine immaterielle Fiktion, ein Wesen aus Energie, das in eine klobige, eigentlich überflüssige Körperkontur gesperrt wird, die mal wie ein Mensch, mal wie eine Maschine oder ein ganz anderer Mensch oder sonst etwas ausschauen kann. Es kommt nicht darauf an! Der Augenschein trügt in jedem Fall.

Für T 2000 war das sogenannte Computer-Morphing entwickelt worden. Morphing – das ist die fließende Verwandlung eines Körpers in einen anderen, die Übernahme beliebiger Identitäten in einen identitätsleeren Körperrahmen hinein. Morphing heißt: *Ich bin, und ich bin nicht.* Ich existiere in dieser und jener Gestalt. Aber niemals ist meine Gestalt klar, eindeutig, nie ein »Objekt«, das man greifen, benutzen, über das man verfügen kann. Sie ist eine fließende, wandelbare, wunderbare Masse, aus der die Identitätslosigkeit in immer neuer Figuration erstehen kann. Ich bin frei! Morphing ist die filmische Realisierung eines Geisterwesens, einer »anima«.

Schon diese skizzenhafte Beschreibung macht vielleicht etwas von der Faszination deutlich, die von diesem verwandlungsfähigen Flüssigkeitskörper ausgeht – erst recht damals, in den frühen 80er Jahren, von ihm ausging. (Deswegen nimmt es gar nicht Wunder, dass sich die Werbeindustrie der digitalen Bilderfindung »Morphing« sofort bemächtigte. Seither gibt es kaum einen Werbespot, der ganz ohne Morphing oder ähnliche Wandlungseffekte auskommt. Das gute alte stabile und beschreibbare Identitäts-Ich kommt in der Werbung nur noch selten vor und wirkt dann immer etwas hausbacken. Überhaupt könnte man einem ganz normalen TV-Spot kaum folgen, würde man in den Identitätskategorien, die wir in der Schule und im Konfirmandenunterricht gelernt haben, verharren. Das tun wir auch nicht. Ganz selbstverständlich, weil tausendmal eintrainiert, nehmen wir beim abendlichen »Zappen« quer durch die TV-Programme – sozusagen von einem »Commercial«-Spot zum anderen – eine geistige Haltung ein, die mit den zentralen Traditionen unserer abendländischen Zivilisation bricht. Wir tun das ganz mechanisch, wir haben uns daran gewöhnt. Wir merken es nicht, und gerade dadurch, durch den Wegfall an Reflexion, wirken solche Spots derart tiefgreifend verändernd auf unsere Wahrnehmungen und Haltungen ein. Sie begegnen nicht dem geringsten Widerstand. Wir sind den wichtigsten philosophisch-anthropologischen Fundamenten unserer Kultur längst entwöhnt.)

Zurück zum Terminator: fließend, gleitend, schwebend, eine Anima, ein Geist, und trotzdem und gleichzeitig massiv und vernichtend, männlich hart und unerbittlich, tödlich mit jedem Schritt (jedem schwer auf dem Untergrund hallenden Schritt, Senso-Sound!). Die Technik wird anthropomorph. »Terminator« ist ein neues Idol. Er setzt sich folgendermaßen zusammen:

Das geisthafte, aus der Ideenwelt Entsprungene war immer leicht und frei. Die Geistwesen, ganz gleich, ob sie böse oder gut waren, gehören in jedem Fall einer anderen, höheren Seinsordnung an. Dagegen sind wir mit unseren der Vergänglichkeit ausgelieferten, der Materie verfallenen Körpern von minderem Rang. Hier passiert nun folgendes: Das Geistwesen wird Körper und trifft auf andere Körper, kämpft gegen sie, und dabei zeigt sich, dass das Geistige in seiner Gewalttätigkeit maßloser ist, als es Menschen sind, es ist geschickter und tödlicher als alle aus Materie geformten Dinge, *es ist stärker als selbst die Maschinen, die sich ihm in den Weg stellen.*

Wenn das Geistwesen in den Körper eines Kämpfers kriecht, dann ist der unbezwingbar, übermächtig. Er steht in Siegerpose auf der Leinwand, und die Ursache seiner Siegesgewissheit ist – wie wir gebannt im Kinosessel erleben – die Transformation des technisch erzeugten Geistwesens in einen Manneskörper und zurück vom Mann in den technisch-abstrakten Geist, das Nicht-Ich. In solchen Kinobildern wird die alte jüdisch-christliche Körper-Geist-Dualität weggewischt, wird die disziplinierende Körperfeindlichkeit des Mannes weggewischt, und wir bestaunen eine ganz neue transformierte männliche Identität. Die hatte es vorher nicht gegeben, und gegen die hatte der menschliche Gegenspieler nicht die geringste Chance.

Der Film lehrt uns: In der Cyborg-Welt können wir unseren Augen, die uns unterscheiden lehrten, was Körper und was Geist ist, was zur sichtbaren und was zur unsichtbaren Welt gehört, nicht trauen. Die Ordnung unserer Sinne taugt nicht für die Cyberwelt. Der Film lehrt uns auch: Die Vermengung von Männlichkeit und technologischem Geist ist das Unbesiegbare schlechthin, die Kraft schlechthin.

Es ist wohl tatsächlich nicht zu hoch gegriffen, wenn wir feststellen, dass wir im »Terminator II« einen überaus cleveren, ästhetisch raffinierten Bruch mit dem Geist-Körper-Dualismus anschauen, der immerhin 2000 Jahre christlich-paulinischer Anthropologie (und einen Teil hellenistischer Philosophie zuvor) geprägt hat.
Natürlich kann man einwenden, dass die jungen Kinobesucher von hellenistischen und paulinischen Traditionen nicht übermäßig viel wissen. Schon richtig! Sie wissen wenig oder nichts von ihnen, aber sie fühlen sie. Die Traditionen des Körpers und des Geistes sind Fundamente unseres Selbstbewusstseins, das wesentlich nicht von Reflexionen, sondern von unbewussten, geschichtsmächtigen Bildern und Tradierungen geprägt wird. Den Kultur-Bruch, von dem wir hier reden, empfanden die vorwiegend jugendlichen Kinobesucher nicht in ihrem Schulwissen. Sie schüttelten ja auch nicht verwirrt den Kopf und sagten: »Das haben wir aber ganz anders gelernt« – so vernunftgebunden laufen mediale Kommunikationen eben nicht ab. Was sie als Erschütterung, als psychische Sensation empfanden, erreichte sie viel mehr im Zentrum ihres Selbstgefühls und der unbewussten Ordnungen, die dieses Selbstgefühl tragen. Traf und berührte sie mit der ganzen Wucht, die sich gerade dann einstellt, wenn keinerlei Reflexionsvermögen eine Irritation oder Erschütterung auffängt, wenn man seelisch schutzlos ist.

II.
Cyborg und die Erziehung zum Mann.
Kleine-Jungen-Phantasien

Die Connors ist Mutter, ihr Sohn ist neun oder zehn Jahre alt. Der männliche Cyborg lernt die Frau nicht über ihren Sex oder ihre beruflichen Erfolge oder sonst welche Attraktionsmerkmale der emanzipierten Frau der 80er Jahre schätzen. Nichts von dem, was zu jener Zeit für Frauen »in« war, hat den Cyborg-Mann angezogen.

Die beiden finden ausgerechnet über den Jungen, also ausgerechnet über ihre Mutterrolle zusammen. Schon damit wird ein erzkonservativer Grundton angeschlagen.

Und so geht es denn auch konsequent weiter: Der Sohn ist in Gefahr, die Mutter ängstigt sich, und der Mann schützt beide. Alles scheint wieder »in Ordnung zu kommen«, in die gute alte, *sehr* alte Ordnung, die eigentlich längst »out« war und nun mit Terminator II und seinem Riesenerfolg ihr »Come-Back« ankündigte.

Natürlich ist Sarah kein Hausmütterchen im Stil der Familienserien aus den 60er Jahren, das hätte sich das junge Publikum denn doch nicht gefallen lassen. Sie ist modern, gestylt, wie es sich gehört, tapfer, wie es sich gehört, wehrhaft gegenüber allen Angriffen, sie gibt selbst in verzweifelten Situationen nicht auf, weint ein bisschen, kreischt ein bisschen und berappelt sich wieder: Kurz, sie ist eine Frau, wie sich das Kino eine moderne Frau vorstellt. (Nebenbei bemerkt ähnelt sie dabei ganz auffällig jenen Männern, die in den alten Western immer die »besten Freunde« des Helden waren, aufopferungsvoll, tapfer, selbstlos, und am Ende sterben sie. Erst stirbt der beste Freund, dann sterben die Gangster, dann ist der Film aus.)

Sarah Connors stirbt nicht, ihr Sohn hat sich inzwischen ganz unter den Schutz des Mannes begeben, der ja – was wir bei der klischeehaften Rollenaufteilung fast vergessen hätten – gar kein Mann aus Fleisch und Blut, keiner mit Verantwortung und Mitgefühl ist, sondern eine Maschine. Eine explosive, destruktive. Eine, die keine Rücksicht kennt. Die sich in der totalen Destruktion erst so richtig wohl fühlt (schmunzelt Cyborg Schwarzenegger nicht angesichts der zerberstenden Brücke, die mit wer weiß wie vielen Menschen und Trucks in einen brennenden Strom absackt?). Kein Mann, ein Monster!

Wir müssen nicht in die Tiefen der Psychoanalyse herab- bzw. hinaufsteigen, um in den Eigenschaften des Killers T 2000 die Totalität und kaum gebändigte Aggressivität, die Lust am Asozialen und Zerstörerischen einer Klein-Jungen-Phantasie auszumachen. Solche Gestalten erfinden Jungen seit vielen Jahrhunderten, jedenfalls die Jungen, die in patriarchalisch dominierten Familien aufwachsen.

Gehen wir für einen Augenblick den Jungenphantasien nach, von denen eine höchst moderne hier mit viel technologischem Aufwand auf die Kinoleinwand gewuchtet wird. Das erste und vordringliche Motiv, das in keiner Jungenphantasie fehlt, ist die Übermacht des Männlichen. Der männliche Heroe, das waren in den 20er und 30er Jahren der tapfere Soldat und der General, Tarzan, Tom Prox und der Indianerhäuptling. Dann – in den 50er Jahren – immer noch der (amerikanische) Soldat zu Wasser, in der Luft und zu Lande und der Cowboy und der Indianer. Und noch etwas später war es der furchtlose Weltraumerkunder, der Held im All, »Captain America« und »die fantastischen Vier«. Von ihnen war es dann nicht mehr weit zum »männlichen Heroen« als Cyborg, elementar und gewalttätig. Und unbezwingbar, das ist das Wichtigste.

Bei allen medialen Heroen spielt der von Freud so genannte »Ödipus-Konflikt« eine zentrale Rolle. Ich werde gleich genauer auf ihn eingehen, hier halten wir nur dies fest: Mit den Helden der Bücher, der Comics und des Kinos wird der übermächtige Vater einerseits auf phantastische Weise ins Innere des »Ich« geholt, andererseits überwunden. Das Zweite ist wichtiger! Er wird von dem Phantasiehelden, in dessen Bild sich die ganze angestaute Knabenfurcht und -wut versammelt hat, gleichsam in die Knie gezwungen. Alle Supermänner sind wie Väter und sollen es den Vätern so richtig zeigen. Aus diesem Wechselspiel von Aggressivität gegen und Verinnerlichung (Identifikation) *des* Vaterbildes entfaltet sich die männliche Identität des kleinen Jungen.

Und wie wirkt nun der Terminator als männliches Vorbild für den kleinen Connors (und die vielen Hunderttausend kleinen Zuschauer im Kino)? Ich habe am Beginn dieses Kapitels gesagt: Der Cyborg ist einer, der das »Andere«, das Soziale nicht kennt. Er ist ja zu keiner Selbstreflexion fähig. Keine Vernunft und Einsicht lenkt ihn – nur das tumbe, schrankenlose Niederreißen dessen, was sich ihm in den Weg stellt, und alles, was er vorfindet, scheint ihm im Wege zu sein. Für den Cyborg ist die Welt der wirklichen Dinge nur lästig, eigentlich ganz überflüssig.

Das ist nun freilich ganz anders, als es bei Tarzan und den Sheriffs und den wagemutigen Kampfpiloten gewesen ist. *Sie* hatten alle ein Ziel. Sie hatten ein Ideal, einen Willen und die dazu gehörige Disziplin.

Alle, auch Tom Prox, der schießwütige. Erst recht der zögerliche Gary Cooper, der in »High Noon« erst eine lange Serie von Skrupeln und Gewissensnöten durchstehen muss, bevor er losschießen und endlich töten durfte (Mr. Cooper, mein ganz persönlicher protestantischer Lieblingsheld!).

Kennt unser Cyborg alles nicht. Skrupel hat er nicht, einen Willen eigentlich auch nicht. Ordnung nur so weit, wie sein von Menschen erstelltes Programm es ihm vorgibt. Er weiß eben gar nichts von der wirklichen Welt und reißt unterschiedslos alles nieder. Und umgekehrt ist die Welt, in der er sich bewegt, so beschaffen, dass sie demjenigen, der sie niederbrennt und teilweise auslöscht, die allerbesten Überlebenschancen bietet.

Also hat sich doch etwas Entscheidendes geändert bei den Vorbildern für kleine und etwas größere Jungen. Gary Cooper und Tom Prox und selbst die soldatischen Helden vereinigten in ihrer Person zwei elementare Strebungen des kindlich-jungenhaften Narzissmus. Zum einen die Disziplin, die Einordnung in die väterliche Ordnung. Und zum anderen die Aggressivität, die dabei freigesetzt wurde, und die sich gegen diesen oder jenen Feind, den Bösewicht, den Entmenschlichten entlädt.

Bei allen Helden aus der guten alten Zeit war es so, dass vor die kämpferischen, mannhaft-tödlichen Aktionen zunächst einmal eine Zeit der Selbstbesinnung, der Selbstprüfung eingebaut war – unser Held grübelte und erschauerte vor sich selber und der Welt, bevor er losschlug. Die Tat bedurfte der Rechtfertigung.

Cyborg kennt die Differenz zwischen Impuls und Handlung nicht. Cyborg benötigt kein fertiges Recht, um zu handeln. Er ist ja nur ein maschinenhaft abrollendes Rechnerprogramm und sonst nichts.

Es ist also nicht ganz richtig, wenn ich vorher sagte, dass in der maschinenhaften Gestalt ein früher Narzissmus des kleinen Jungen ausgelebt wird. Genau besehen ist es ausschließlich die totalitäre, die pur destruktive, die gänzlich ent-individualisierte Seite des Narzisstischen, die der Cyborg verkörpert. Die *andere* Seite, die konstruktive, die der kleinkindhafte Narzissmus auch in sich birgt und die so wichtig ist für den Aufbau der Persönlichkeit, fehlt ganz.

Umso denkwürdiger wirken dann, zum Ende des Streifens hin, die Worte des Neunjährigen, wenn er sich liebevoll der Cyborg-Maschine zuwendet und sagt: »Einen Vater wie Dich hätte ich haben sollen.«

Sagt es, nicht zu einem Mann, einem Menschen, sondern zu einer Maschine. Und die Mutter? Sarah Connors? Sie hört die Worte, sie lächelt aus dem Seitenfenster ihres schon ziemlich demolierten Autos heraus und nickt leise. Sie ist einverstanden.

III.
Der Cyborg und der ödipale Konflikt.
Die neue Lösung eines uralten Problems

Im männlichen »Willen«, in der Triebenergie und den Triebwünschen des erwachsenen Mannes, hat die Psychoanalyse eine Verkettung von unbewussten Motiven aufgefunden, die einem kleinen Jungen früh eingesenkt werden. Ich habe im letzten Abschnitt kurz auf den wichtigsten, sozusagen den Urkonflikt hingewiesen, durch den in den patriarchalen Familien dem kleinen Jungen die männliche Identität aufgepresst wurde und es teilweise heute noch wird. Wir befinden uns auch an diesem Punkt in einer Übergangsphase, hier ist leider nicht genügend Platz, um darauf im Einzelnen einzugehen. Der von Freud so genannte »ödipale Konflikt« beschreibt die bewusste und unbewusste Rivalität *und* Identifikation mit dem als mächtig empfundenen Vater. Ich sagte zuvor, die Phantasiehelden in den Geschichten, Comics und den Filmen, die der kleine Junge liebt, sind einerseits dem Vater nachgebildet, andererseits sollen sie ihn in die Knie zwingen. Das ist ein Teil des Konfliktes. Ich muss den anderen Teil sofort hinzufügen, und der hat mit der Mutter, dem Frauenbild des Kleinen zu tun. Sie nämlich und niemand sonst entscheidet, ob der Vater sich mit seiner Autoritätsmacht durchsetzt oder nicht.

Den Sohn verlangt es nicht zuerst und nicht vor allem nach dem Vater. Nicht ihm will er nacheifern. Zuerst einmal will er etwas ganz anderes. Er will zurück in das kleinkindlich-narzisstische Paradies, aus dem er verstoßen worden ist. Zurück in die vorbewusste, begrifflose, nicht mit den Mitteln der Logik zu erfassende Symbiose mit dem Mütterlichen und vielleicht sogar noch weiter zurück: in die Bewusstlosigkeit des vorgeburtlichen Zustandes. In die biotische Einheit. In den Schoß.

Der traditionelle Vater war (und ist heute noch) nichts anderes als ein Störenfried. Er streut Verbote in alle Himmelsrichtungen aus. Dabei sind es nicht einmal seine Verbote. Nicht er spricht! Es ist vielmehr die repressive gesellschaftliche Ordnung, die mit seiner Stimme in das Kinderreich hineintönt. Eigentlich ist er ein recht mickriger Typus, der mitten in einer symbiotischen Mutter-Kind-Seligkeit seine Anmaßungen auslebt. Er fühlt sich berufen, diese beglückende Synthese zu untersagen. Er schiebt sich zwischen Mutter und Kind und vertritt eine von außen aufgenötigte Realität.

Der kleine Junge will von dieser Realität nichts wissen. Er kann gut ohne sie auskommen. Sie findet keinen Anker in seiner Psyche. Sie wird erst dann so mächtig, wenn sich die Mutter – zum fassungslosen Entsetzen des kleinen Jungen, man lese das einmal bei Rilke nach – dem Realitätsprinzip und der väterlichen Nötigung unterwirft. Sie, die Mutter, ist es letztlich und nicht der Mann, die dem Sohn die Symbiose verwehrt. Sie stellt ihn zurück ins zweite Glied und bringt damit die männliche Ordnung innerhalb der verdichteten Emotionalität einer Familie zur Geltung. Der Mann, der Vater vermag seinen Einfluss nur auf dem von ihr errichteten seelischen Fundament auszuüben.

Der Junge, aus dem Paradies vertrieben, unterwirft sich schließlich dem männlichen Rivalen. Aber noch einmal, nicht dem Mann zuliebe tut er es, sondern allein aus dem Grund, wenigstens einen Rest der Mutterliebe, auf die er im Tiefsten niemals verzichtet hat, zu bewahren. Der Junge wird – nach psychoanalytischer Einsicht – dem Vater ähnlich, weil dieser Mann der Geliebte der Mutter ist. *Nur, weil sie die männliche Ordnung akzeptiert, akzeptiert der kleine Junge sie schließlich auch* und verinnerlicht die männlichen Werte.

Der Zorn, den er dabei in sich bewahrt, gilt dementsprechend keineswegs allein dem Vater. Er gilt dem Vater nicht einmal in erster Linie, sondern viel mehr der enttäuschenden Mutter, dem Ausbleiben ihrer lebensnotwendigen Nähe, Wärme, Umhüllung. Gilt ihrem Fernbleiben, das er tausendmal erleidet, wenn er nach ihr ruft (und sie nicht sofort, bevor das Bedürfnis sich zur Not steigert, erscheint), gilt der Tatsache, dass sich allmählich in die fließend-einheitliche Symbiose die Maße des objektiven Raumes, die Strukturen der Dingwelt einzeichnen.

Später, als Erwachsener, sucht der Junge die Symbiose bei der Frau wieder, aber dann ist es ja längst zu spät. Er findet in ihr nur noch das Weib als Widerpart, als Objekt seiner erwachsenen, vernünftigen Sexualität. Die freilich ist immer von einem dunklen, besessenen, anti-rationalen Zug durchflossen, eben dem Drängen nach Rückkehr und dem Zorn, weil Rückkehr nicht möglich ist – das bleibt immer spürbar und wird von dem Mann ein Leben lang gefürchtet und herbeigesehnt.

Alle diese Motive hat Nietzsche, vor Freud, verstanden und in »Also sprach Zarathustra ...« in gültige Verse gebracht. »Weh spricht: vergeh, doch alle Lust will Ewigkeit«, singt Zarathustra. Das entscheidende Wort lautet hier: doch. Das »Weh«, der Seelenschmerz soll vergehen, *doch die Lust ist dem Schmerz eingeboren und der Schmerz der Lust.* Lust ist nicht ohne dieses »Weh«, das in den Träumen und Alpträumen, in den Mitternachtstunden aufbricht. *»Was spricht die Nacht? oh Mensch, hab acht.«* Lust ist nicht »gesunde Sexualität«, wie sie die Frauenbewegung proklamierte. Lust und Weh, eines im anderen, sind im männlichen Erleben ein unzerreißbares Ganzes. Und so ist die Lust dem Tod nahe: *»Alle Lust will Ewigkeit, will tiefe, tiefe Ewigkeit.«*

Lust ist nicht die »gesunde Sexualität«, die bis heute in den Frauenmagazinen und Herrenmagazinen, den Ratgeberkolumnen von Jugendzeitschriften, in den Therapiestuben aller möglichen »humanistischen« Methoden herumgeistert und in der öffentlichen Meinung propagiert wird. Diese gesunde Sexualität hat es niemals gegeben. In die Lust war immer und zu jeder Zeit der narzisstische Schmerz eingesenkt. Das Verlassen der frühen symbiotischen Einheiten wird im Unbewussten nicht vergessen. Der Verrat der Mutter und der ewige Zorn darüber, sie prägen das männliche Frauenbild in allen patriarchalen Kulturen, so weit uns Zeugnissse davon bekannt sind. So entsteht also – das verraten uns die Philosophen des späten 19. Jahrhunderts, das sagen uns die literarischen Ästheten der Jahrhundertwende, das erläutert uns die Psychoanalyse – die männliche Lust, zugleich und eins mit wütendem Zorn und einer Verdrängung des Weiblichen.

Kehren wir nun, nachdem wir dies verstanden haben, zum Kinobild des Cyborg zurück. Natürlich will der kleine Junge und der Jüngling im Kinosessel Cyborg sein. Nur der! Kein anderes Bild ist so mächtig. Cyborg, rücksichtslos, destruktiv, und *fließend.*

Cyborg als der ideale Vater und zugleich Vorbild im Verhältnis zum anderen Geschlecht. Er, anders als der reale Vater, schlägt auf seine selbstbezogene Art den Knoten von Lust und Weh einfach mitten durch. Denn sein Narzissmus ist total und durch keine Erinnerung getrübt. Er bietet den Jungen im Kinosaal eine andere Lösung des narzisstischen Konfliktes an und suggeriert ein anderes Bild. *Ganz fühllos und nur zerstörend sein. Letztlich nicht Körper-Sein, letztlich nicht Geboren-Sein. Das ist das Cyber-Bild.*

»Da, da«, ruft der Säugling und zeigt irgendwo in den ungeordneten Raum. »Da, da« – das ist die Welt draußen. Außerhalb von mir, außerhalb des allumfassenden Innen-Drin. Da-da, das ist die Urform von »Papa«. Der dort, da draußen, der Andere – das ist Papa, während das »Mamam…« von Anfang an den singenden Ton der Einverleibung (bei den Erwachsenen das Mmh … angesichts leckerer Speisen), der weich singende, tief im Körper summende, der Innen-Außen-Ton ist. »Mamam…« ist Vereinnahmung, Hineinnehmen in den Körpersog und seinen Stoffwechsel. »Mama« – später bleiben davon die Gier und die Sehnsucht nach etwas, das vor der Sprache und vor dem Ich war und das eben deshalb von keiner Sprache abgebildet und von keinem »Ich« benannt werden kann.

Cyborg schlägt kraftvoll und naiv auch den gordischen Knoten der Sprache durch: Er spricht nicht oder nur mechanisch. Seine Sprache enthält keine Welt und benötigt sie auch nicht. Seine Sprache ist nur Funktion. Sie bindet keine Erinnerung, sie formt keine Geschichte. Es gibt keine Geschichte. Das ist die Logik des Cyborg.

Der kleine Junge vergräbt die allerersten Sehnsuchtsgefühle tief in sich. Sie bleiben später unter dem männlichen Sexualverlangen verborgen. Sie sind das Ursprüngliche, der Anfang. Das Finden des Weibes als Objekt, als Sexual-Objekt, hat, wenn es später eintritt, immer etwas von Vergeblichkeit und Trauer. Deshalb vielleicht auch die derbe, unbeholfene und manchmal zynische Weise, die Männer so oft an den Tag legen, wenn sie sich einer Frau zu nähern versuchen. Die »väterlichen« Ordnungen, die symbolischen und die realen, die man »Werte« oder »Anstand« nennt, sind psychisch allesamt auf diesem Fundus der Verdrängung errichtet, der die Entstehung der männlichen Autonomie begleitet wie ein Schatten.

Cyborg kennt diese Ordnungen nicht. Der kleine Junge, der sich mit Cyborg identifiziert, reißt sich den »Schmerz der Autonomie« aus dem Herzen.

Während einer langen dunklen Phase der Geschichte haben sich die jungen Männer mit ihren Vätern identifiziert, um ihren allerersten Gefühlen und Schmerzen zu entrinnen, haben den Gehorsam und die Opferbereitschaft der Väter auf sich genommen (und schrien, verwundet auf den Schlachtfeldern, dann doch »Mama«). Mit dieser Geschichte räumt der Cyborg restlos auf. *Das ist das Versprechen, das diese digitalen Bilder im Kino und auch in den Computern an die Jungen richten: Die Väter sind tot.* Wir benötigen sie nicht. Nicht als Vorbild und nicht als Schutz.

Als Vorbild brauchen wir sie nicht, weil ihre Tugenden uns nichts gelten. Sie sind außer Kurs. Und als Schutz gegen die – wie Rilke einmal sagte – Rückkehr zu den Müttern brauchen wir sie auch nicht. Denn mit den Mitteln der phantastischen Technologien entwerfen wir andere Sehnsuchtsbilder, andere Körperbilder und eine andere Art von Männlichkeit.

Der flüssige Geistkörper aus dem Computermorphing ist eine starke Metapher dafür: weich und fließend und gewalttätig. All-präsent ist er, der nicht nur diese oder jene

Gestalt *hat*, sondern im Prinzip alle Gestalten annehmen kann. »Ich bin alles.« Das Nicht-Ich, das Gegenprinzip zur Individuation – das ist der primärnarzisstische Traum. Alle seine Motive finden wir im Cyborg versammelt.

Natürlich ist der fließende Geistkörper unverletzlich, natürlich reißen ihm Waffen keine Wunden, oder, wenn sie es doch tun, so heilen sie sofort. Man kann zusehen dabei! Die aufgerissene Wunde, das Körper-Loch schließt sich, indem die Flüssigkeit wieder zusammenströmt: *heil*! Das Ich ist verletzlich, *das Nicht-Ich ist es nicht*.

Du hättest mein Vater sein sollen, sagt der kleine Junge. Und wir verstehen jetzt, dass er nicht nur die mächtige zerstörerische Kraft der Maschine meinte, nicht nur Anbetung der Maschinen-Potenz wie im Futurismus und anderen kulturellen Strömungen – nein, etwas anderes, etwas Tieferes schwingt in diesen Worten mit und macht sie so eindringlich: die Einbettung der narzisstisch-männlichen Gefühle in seine Welt. Hier im Film ist es eine eigenwillige Zwischenwelt. Für den jungen Zuschauer im Kinosaal eine Möglichkeitswelt. Sie ist nicht real, aber sie entspricht seiner seelischen Verfassung. Deshalb war Terminator ein Welterfolg. Die Jungen von Bangkok und Berlin, New York und Jerusalem, alle träumen sie denselben Möglichkeitstraum.

IV.
Sarah ist Geliebte und Feindin. Ein leerer Spiegel. Die sexuelle Logik der künstlichen Bilder

Sarah akzeptiert den Maschinen-Mann als Vater und, wie man im Verlauf des Filmes spürt, auch als Geliebten, als sexuellen Partner. *Wen* akzeptiert sie da? Das zeitgenössische Szenarium hatte sich, als Terminator in die Kinos kam, weitgehend verändert. Das penible bürgerliche Ordnungsdenken – Tristram Shandy, der jeden Donnerstagabend pünktlich zuerst die Standuhr im Wohnzimmer aufzieht

Anfang der 20er Jahre formulierte Freud nach jahrelangem Bemühen, die sexuellen Wünsche der Frauen zu enträtseln, sein ratloses »Was will das Weib?«. Die Frage erwarb eine gewisse Berühmtheit. Keine Antwort ward ihm und seinen Nachfolgern in den Praxisstuben von Wien oder New York und schließlich der ganzen Welt. Die Frau als »der unbekannte Kontinent« ist eine Männerphantasie und ein Männertrauma geblieben, das bis heute auf den psychoanalytischen Couches rund um die Welt viel beredet und assoziiert und vergeblich analysiert wird. Nun gilt aber: Was mir ganz unverständlich ist, was sich meinem Verstehen auf Dauer und hartnäckig entzieht (was sich sogar den originellsten männlichen Denkern des Jahrhunderts entzogen hat!), und mir dennoch so unter die Haut geht, das muss ja gefährlich sein. Das könnte meine »Ich«-Integrität jederzeit gefährden. Das muss bezwungen werden.

Das Weib als Bedrohung ist vermutlich eine uralte Männerphantasie. Für den bürgerlichen Mann ist sie der fremde Kontinent in einer durchrationalisierten Welt. In den literarischen Zeugnissen der Männerängste besonders des 19. Jahrhunderts ist sie das Fließende, Hinabziehende, die bedrohlich-verführerische Tiefe. Goethes »Fischer« verfällt ihr, »halb zog sie ihn, halb sank er hin«. Das ist eine Variation dieses Themas (das dem bürgerlichen Mann als ein »ewiges Thema« erschien). Heines Loreley und die Klage der Ertrinkenden sind eine andere.

Die Verführung zur Weichheit, zur Ich-Entgrenzung, die vom Weib ausgeht, hat der Mann seit je gefürchtet. Aber vermutlich war keine Männerkultur davon so bedroht und fühlte sich so gefährdet wie im 19. und der ersten Hälfte des 20. Jahrhunderts der soldatische Mann und der Industrie-Arbeiter. Beide hatten ihre Selbstbilder und ihre Ideale auf die Disziplinierung ihres Körpers und ihrer Sinnlichkeit aufgebaut. Der stählerne Kämpfer, der Arbeiter der Faust und der Stirn. Wie müssen sie alle miteinander das

Weibliche gefürchtet haben! So sehr, dass es ihnen als das »Ganz Andere« erschien, das nicht verstanden werden *darf*, weil es bezwungen und domestiziert werden muss.
Mit dem Siegeszug der Mechanik und Automatisierung und der Entfaltung der Industrie wurde das christlich-jüdische Bild vom passiven und sinnlichen Weib weiter beglaubigt. Im Kontrast zu ihr standen Maschine und Mechanik der Männerwelten, die Ausdehnung der körperlichen (der männlichen) Potenzen in Zeit und Raum. Die Maschinen trafen bei ihrem geschichtsmächtigen Eroberungszug auf keine Gegenkraft in der Welt der Materie, der Natur, der menschlichen Körper, die ihr widerstehen konnte. Deshalb waren die Maschinen von Anfang an assoziiert mit sexuellen und sadistischen Phantasien, eines war in der Maschinenwelt vom anderen gar nicht zu trennen: Mit elementarer Wucht treiben sich die gewaltigen Bohrer und mechanischen Schaufeln in die Erde und legen ihre Schätze frei, das härteste Metall wird in den Hochöfen geschmolzen und in den Schmieden gestoßen und geformt, Bewegungsmaschinen dringen in die Landschaften hinein und verändern sie von Grund auf. An das Bild der Maschinenpotenz heften sich die Assoziationen von der »Natur als dem Weiblichen«. Die Texte der Unterhaltungsliteratur und der Zeitschriften des 19. Jahrhunderts waren vollgestopft mit solchen Metaphern und Vergleichen.
Die »Frau als passives Objekt«. Später nahmen solche Vorstellungen, als Kriegspropaganda, einen noch eindeutigeren sadistischen Charakter an. Die Frau war das entrechtete Opfer des bösen Feindes, der dadurch noch bösartiger wirkte, oder sie war die Verräterin, die Kollaborateurin und Hure. Sie existierte nur als Opfer oder als Gegenbild zur glorifizierten maschinenhaften und militärischen Gewalt. Bewusstsein und Wille aus sich selber heraus hatte sie in diesem Kontext längst nicht mehr. (Freuds Frage »*Was* will das Weib?« war in gewisser Weise die subtile Variante

auf das derb-männliche »*Will die was?*«.) Der Futurismus, der Surrealismus bis hin zu den Performances eines Otto Mühl in den 60er Jahren variieren lustvoll die Unterwerfung des weiblichen Körpers unter maschinenhafte, überdimensionale Kraftprotze, die entweder Männer oder Maschinen oder beides sein konnten. Zur Abwehr der weiblichen Verführung gehört allerdings nicht nur die männliche Potenz, sondern auch die formelhafte Ordnung der Potenz, so wie zur soldatischen Grausamkeit die soldatische Disziplin gehört.
Die Revolutionierung der abendländischen Kultur und Gesellschaften durch die Maschinen führt von Anfang an zur Entwertung des Weiblichen und gleichzeitig zur disziplinarischen Unterordnung des Männlichen unter anonyme wirtschaftlich-militärische Mächte. Beides endet in einem gewaltigen Zwei-Kriege-Destruktionstaumel, in dem die Maschinen die Oberhand behielten.

und anschließend, Schlag sieben, zum ehelichen Beischlaf schreitet – war in Tristesse und Langeweile gestorben. Auf der anderen Seite war und ist die Demonstration der männlichen Potenz der Öde des Fabrikalltags allzu ähnlich, als dass sie den »Stoff, aus dem die Träume sind«, von dem Shakespeare spricht, weben könnte. Kurzum, die aggressive Verbindung von Ordnung, Maschine und Sexualität versprach schon längst keine Erfüllung mehr.

Das »weite und leere Feld« der Geschlechterbeziehung wird ganz und gar umgewälzt, als die Ingenieure und Mathematiker in den Firmen und beim Militär ihre Medienexperimente forcieren. In den Labors der Medienindustrie, die in den 80er Jahren rasch anwuchs, in den Kreisen der Militärs, in den Ateliers der Künstler startet der männliche Narziss ein gewaltiges Abenteuer. In diesen elektronisch-mathematischen Experimenten mit Computer und Internet wird der Geist vom Körper, von den *Begrenzungen* des

Körpers getrennt. Aber dabei wird die Intensität des Sinnlichen nicht etwa vermindert, sondern vermehrt, auf jeden Fall erweitert. Die Sinne, so scheint es, umfassen annäherungsweise den ganzen Globus. Sie lösen sich vom Körpergefühl – wahrhaft eine Paradoxie: Die Sinne werden wie in Spiralen mit jeweils eigenen inneren Ordnungen eingespannt, während der Körper vor dem Monitor zurückbleibt und das Körpergefühl sich in den Fingerspitzen, den Bewegungen auf der Tastatur versammelt. Narziss, der auf der Suche nach der Vollkommenheit ist und das Reale nicht zur Kenntnis nehmen will, Ikarus, der die Erdbindung und überhaupt die Grenzen des Raumes aufheben will – die beiden antiken Mythen hängen wie Leitbilder oder wie Menetekel über der neuen technologischen Forschung. Sie schickt sich an, die Welt zu verändern und die Industriekultur zu vernichten. Das also ist das zeitgeschichtliche Szenarium, in dem Terminator auf der Kinoleinwand seinen Auftritt hat. Er, das fließende Geist-Körper-Wesen, das ohne Körperidentität auskommt und trotz oder wegen seiner wandelbaren Gestalt unendlich mächtig sein kann. Mächtig und destruktiv: der randalierende Narziss.

Wir haben gesehen, dass er dem kleinen Jungen in seinen Identitätsnöten aus der Patsche helfen kann. Aber noch einmal gefragt: Welche Art von Mann-Sein hat er der jungen Frau Sarah zu bieten? Ihr kleiner Sohn hätte ihn als Vater gar nicht akzeptieren *können*, wenn sie, die Mutter, ihn nicht *vorher* akzeptiert hätte. Wie sieht ihr Verhältnis zu dem Maschinen-Mann aus? Wie ist die weibliche Beziehung zum Mann beschaffen, wenn sie in der Logik der digital-künstlichen Bilder mit ihren Computer-Morphing-Wesen dargestellt werden soll?

Die Antwort, die der Film gibt, ist einerseits dürftig, andererseits bemerkenswert konsequent.

Zum Ende des Films geschieht etwas mit Sarah. Urplötzlich ist sie nicht mehr die tapfer-brave Gefährtin und Mutter. Etwas bricht in ihr auf. Sie schlägt jetzt um sich. Sie rast, sie tötet. Sie hat lange, lange ihren Sohn verteidigt und den Cyborg-Mann gestützt. Jetzt verteidigt sie etwas anderes, Namenloses.

Es hat wohl mit ihrer Integrität zu tun. *Er*, der Mann, der Cyborg, ist rücksichtslos und weiß nichts von der Welt. Jetzt, als Killerin, ist *sie* ihm plötzlich ähnlich. Beinahe ebenbürtig.

Sie ist wie ein Spiegel, der allzu lange leer geblieben ist. Jetzt ist er wie blind. Blind schlägt sie um sich. Und sie trifft überall Feinde, wohin sie auch schlägt, weil ihre Welt eben so beschaffen ist, dass überall Feinde *sind*.

Der männliche Cyborg hat dieses Ende erzwungen. Weil er nichts weiß und empfindet, weil er nur eine Funktion ist und kein Gegenüber, bleibt auch ihr Gesicht, ihre Identität letztlich leer. Cyborg kann ihr auf ihre Frage: »Wer bin ich wirklich?« keine Antwort geben. Er versteht die Frage nicht. Und weil das so ist, weil es den ganzen Film über so ist, wirkt die plötzliche Metamorphose der Sarah Connors nicht unplausibel. Psychologisch ist sie zwar keineswegs vorbereitet. Aber die Konstellation der Handlung, Sarahs wachsende Bindung und Nähe zur entseelten Mann-Maschine, gibt ihrem Ausbruch eine existenzielle Folgerichtigkeit.

Sarah ist ohne Halt. Die Welt der künstlichen Körper und künstlichen Intelligenz macht auch sie identitätslos. Sie könnte zum Schluss alles sein, sie ist auf schreckliche Weise frei. In einer anderen Interpretation kann man es auch so sagen: In dieser Verfassung ist sie jeder männlichen oder technischen Manipulation hilflos ausgesetzt.

Angesichts der Eintracht von männlichem Cyborg und kleinem Jungen bleibt sie auf bezeichnende Weise nebensächlich. In einer dramaturgischen Pirouette wendet sich der Film ganz zum Schluss von der Frau ab und feiert die Identifizierung des männlichen Kindes mit der amorphen Maschine. Und das ist letztlich die Botschaft und das Erfolgsgeheimnis dieses Filmes: *Er proklamiert die Einheit der Vater-Maschine mit dem jungenhaften Narzissmus. Und damit die Unterordnung der Frau.* Das hatte man so vorher nie gesehen, und Millionen kleine Jungen und männliche Jugendliche fühlten sich in ihren innersten Träumen bestätigt.

Für die Frau bleibt der Cyborg-Mann der leere Spiegel. Ihrer Sexualität hat er nichts anzubieten. Nur seine rücksichtslose »männliche« Präsenz. Sicher, er ist als T 2000 eine »anima«, eine fließende, gleitende geistige Kraft. Aber er hat ja keine Welt und keine Sprache. Wenn sie zu ihm wollte, dann nur mit den Mitteln der puren selbstvergessenen, der rasenden Gewalt. Dann erst schaut er sie an und erkennt sie, sie sind ja jetzt auf einer Ebene.

Letztlich bleibt für sie die Einsicht, dass er ihr alles nehmen kann. Ihre Gefühlskraft läuft ins Leere, ihre Sexualität findet keinen Widerpart, außer in der Gewalt. Er kann sogar den Sohn von ihrer Seite reißen, weil er ihm außer der Männerpotenz auch das Weiche, Identitätslose der symbiotischen Wünsche anzubieten hat. Cyborg ist der totale Mann aus der Licht-Bild-Welt in ihrer vollkommensten technologischen Form. Die Frau verliert sich und verliert alles neben ihm.

In den digitalen Medienbildern und -kommunikationen, erst recht in den Experimenten mit intelligenten Maschinen, wird die Körperlichkeit von der Sinnlichkeit abgeteilt. Beides, Körper und Sinnlichkeit, als *eines*, *ein* Gefühl, *ein* Erleben, *ein* Da-sein, das war in unserer Kultur immer die besondere Begabung des Weiblichen, und das war auch die Bedrohung, die von ihr auf den Mann ausging. Der Cyborg hat sie eben darin bezwungen. Deshalb rast sie, wütet, sieht keinen Ausweg als den, zu werden, wie er ist.

8. Kapitel

Sarah und Lara und andere Cyber-Weiber

Ein Exkurs zur digitalen Sexualität

Mir gehen verschiedene technische Bilder aus Filmen, Fernsehserien und Computerspielen durch den Kopf. In allen erscheint die Frau wie eine Verlängerung oder ästhetische Perfektionierung von Technik. Drei Frauenbilder aus der digitalen Welt, will ich hier vorstellen. Die erste ist namenlos, sie stammt aus dem 1973 erschienenen Kultroman »Crash«. Die zweite ist Kyoto Date, der erste virtuelle Pop-Star. Und die dritte ist die Frontfrau von Garbage, so, wie sie in dem Musikvideo zum neuen James-Bond-Film »Die Welt ist nicht genug« inszeniert worden ist. Drei Spiegelungen, Kristallisationen männlicher Wünsche: Zukunftsbilder der Sexualität.

Während ich an diesem Manuskript schreibe, läuft im Radio und auf MTV der Titelsong des neuen Bond-Filmes. »The World ist not enough«, die Welt reicht mir nicht. Das ist die Urklage des Narziss'. Ich will alles, und alles ist nicht genug! In dem Musik-Video taucht eine junge Frau auf, es lässt sich nicht entscheiden, ob sie real oder virtuell ist, Fiktion oder Wirklichkeit. Es macht auch keinen Unterschied. Sie ist in einem kahlen, gefliesten Raum eingesperrt, sie rebelliert, während sie hinter einer Glasscheibe von drei Männern, Wissenschaftlern offenbar, beobachtet wird. Irgendetwas, scheint es, ist schief gelaufen. Die drei, ihre Erschaffer womöglich, zeigen sorgenvolle Gesichter.

Ein Mann betritt ihren Raum, vielleicht will er sie retten, vielleicht ist er ein Abgesandter der Wissenschaftler, er geht auf sie zu, er berührt sie, sie ist schön, er küsst sie - »den Atem tauschen«, mit diesen Worten beschreibt die Lyrikerin Ingeborg Bachmann den Kuss zweier Menschen – Atem ist Leben, *ihr* Atem tötet. Ein kalter Hauch weht aus ihrem Mund, der Mann stirbt. Erst jetzt, im »Angesicht des Todes« (ein Bond-Titel), erkennen wir, dass er ein Cyborg war. Menschen sterben anders. Im Leben sind Cyborg und Mensch ununterscheidbar, der Tod verrät alles.

Jetzt, wo wir das wissen, ahnen wir, dass sie ebenfalls ein Cyborg ist. Die folgenden Bilder zeigen es. Sie ist sehr schön, sie ist nackt, sie liegt auf einer Tragbahre, während sich die Arme einer Maschine auf sie legen, ein Ersatzteil, matt und glänzend, wird auf sie zubewegt und soll ihr eingepflanzt werden. Mit der Perspektive der Kamera, die den Bewegungen der Maschine folgt, schauen wir in ihren offenen Rücken, der den Blick auf Drähte und Röhren statt auf Wirbelsäule, Nerven und Muskeln freigibt. Sie bewegt sich wenig, ihr Gesicht ist still - sie ist eine Männerphantasie.

Still, in sich versunken, verschlossen wie ein kostbarer Gegenstand ist auch die *namenlose Frau in Ballards Roman »Crash«*. Ballard, neben Gibson der wichtigste SF-Autor, jedenfalls der renommierteste, spielte für die Hippie-Kultur eine zentrale Rolle, Marvin Minsky bezeichnet ihn als einen der Menschen, denen er zu Dank verpflichtet ist. Ballards Roman »Crash« war im Hippie-Jahrzehnt ein Kultbuch, nicht weniger als Tolkien oder Hesses Steppenwolf. Ballard war die andere Seite der Szene. Sozusagen die naturabgewendete. Der Mann in »Crash« hat – anders als die Frauen – einen Namen, Vaughan. Er liebt Autos, ihre Schnelligkeit, ihren Glanz, ihre Tödlichkeit. Und er liebt Crashs, Autounfälle. Er inszeniert sie, wenn möglich, mit einer schönen Frau auf dem Nebensitz. Er fängt Frauen ein, verführt sie mit seinem großen Auto und seinem Wagemut. Den Unfall muss er kaum noch arrangieren, er muss nur alles so weiterlaufen lassen, wie es zwischen ihm und der Frau und dem Auto angelegt ist. Es läuft immer auf den »Crash« hinaus. Vaughan spekuliert darauf, dass sie verletzt, dass ihre Glieder verrenkt, ihre Muskeln und Nerven zerrissen sein werden. Ihr Gesicht, er weiß es, ist schmerzverzerrt. Darüber vergisst er, dass er selber auch Schmerzen hat: Narben, verheilte Brüche. Im Laufe der vielen Unfälle, die er inszenierte, ist er fast schmerzlos geworden. Aber mehr als den Schmerz der Frau liebt Vaughan Prothesen: Ersatzteile, künstliche Organe, Glieder und Gelenke. Er versorgt die verletzten Frauen nach einem Crash, so gut er kann, tut alles, ihr Leben zu erhalten. Er rechnet mit ihrem Lebenswillen und mit der Tiefe der Verletzungen. Wenn dann später Beine oder Arme durch Prothesen, wenn Nervenstränge durch elektronisch impulsierende Drähte ersetzt sind, wenn aus dem weiblichen Menschen und den Maschinenteilen ein Ganzes geworden ist, dann hat Vaughan eine Chance zu lieben. Er liebt die Frauen, wie er Autos liebt. Er liebt ihr glattes, einwandfreies Funktionieren. Je mehr die Prothesen mit dem weiblichen Körper verwachsen, desto hingegebener ist Vaughan. Die Bewegung seiner Hand auf ihrem Leib, die vom natürlichen Becken zur künstlichen Hüfte hinuntergleitet, ist ein Liebesakt, der für ihn beglückender ist als die geschlechtliche Vereinigung. Vaughan will die Frau als Maschine und die Maschinen weiblich. Er träumt von künstlichen Geschlechtsorganen, weiblichen und seinen eigenen, männlichen; er träumt von ihrer Vereinigung. Er würde nichts dabei fühlen, und sie auch nicht, aber er würde in ihr, im Gleichklang mit ihr, funktionieren. Vaughan ist nie erregter als bei dieser Vorstellung.

In Japan gibt es Fan-Clubs, die *Kyoto Date* verehren. Es gibt Liebesbriefe, es gibt Heiratsanträge. Nur Kyoto Date gibt es nicht. Sie ist eine virtuelle Figur. Also in Wahrheit gar keine Figur, kein Symbol, kein Bild, sondern eine Programmierung durch algorithmische Reihen. Es ist nicht anzunehmen, dass die japanischen Verehrer der Kyoto Date – die meisten, hört man, seien sehr jung – nicht zwischen einer virtuellen Gestalt und einer realen zu unterscheiden wissen. Es ist ebenso wenig anzunehmen, dass diese Computerkids nicht wissen, dass computerisierte Symbole Zahlen sind und sonst nichts. Natürlich wissen sie es. Aber es ist ihnen nicht wichtig. Ihre Briefe und Liebesprosa, sogar ihre Heiratsanträge richten sich nicht an eine »andere« Person. Kein »Du« wird angesprochen. Offensichtlich nicht. Sie richten ihre Briefe und ihre Gefühle und ihre Sexualität an sich selber. Kyoto ist eine Funktion ihrer Träume. Ihre Träume wiederum sind egomanisch und möchten im eigenen Selbst eingesponnen bleiben. Reale Frauen würden hier nur irritieren.

Dass der Atem, der beim Kuss aus dem Mund eines konstruierten weiblichen Wesens strömt, ein tödlicher sein muss, folgt aus der Art und der Logik solcher Phantasien. Die maschinell erzeugte Frau ist kalt wie der Tod. Das Begehren, das ihr gilt, ist wie äußerste Einsamkeit und setzt Todesphantasien in Gang. Mit ihr leben kann man ja nicht. Sie existiert nicht. Wird solches Begehren total, kann es also nur eine Lösung geben.

Lara Croft war und ist das größte Geschäft im Bereich der Computer-Games. Wer mit ihrem banalen, wesenlosen Körper nach geschätzten 50 bis 70 Spielstunden alle Labyrinthe enträtselt, alle Feinde erledigt, alle Mauern übersprungen hat – wird der nicht seinen Stolz auf die eigene Funktionsgeschicklichkeit und -geschwindigkeit mit dem hoch sexualisierten Bild der (Nicht-)Frau vermengen? Ist das nicht Liebe, wenn die Selbstliebe in solchem Maße stimuliert wird? Lieben wir nicht auch im realen Leben diejenigen am meisten und am verlässlichsten, die unser Selbstbild ergänzen, vervollständigen? Die uns die vielen Kränkungen, die jeder mit sich herumschleppt, vergessen helfen, die Selbstliebe heilen helfen? Ähneln die reale und die Cyberliebe einander nicht in eben diesem, dem mächtigsten Wunsch?

Lara *ist* nach tausend und mehr überstandenen Gefahren unsere Funktionsgeschicklichkeit, unser Überlebenswille, unser Sieg, mit denen wir die im Medienapparat implantierte künstliche Intelligenz besiegen. Sie ist es! So viel Einheit mit (sexualisierter) Wunschphantasie gibt es sonst nirgends. Kyoto Date und die anderen programmierten Geschöpfe *sind* die Agenten unseres Selbst im Cyberspace. Sie sind nicht nur unseren Wünschen gehorsam, wie es menschliche Sklaven wären. Sie sind mit unseren Wünschen *identisch*.

Sicher laufen solche Gedanken unseren gelernten Empfindungen sehr zuwider. Aber ist es denn wirklich unwahrscheinlich, nein, liegt es nicht auf der Hand, dass im Cyberspace eine phantasiereiche, bildreiche Selbstliebe ihr Ziel findet? Und sollten unsere Sinne nicht anschließend auch im Realen von diesen narzisstischen Selbst-Erfahrungen geformt werden? Wäre alles andere nicht ganz unwahrscheinlich, geradezu un-menschlich? Der Mann des industriellen Maschinenzeitalters liebte die Frau als »Objekt«. Der Mann im digitalen Cyberspace liebt sie als sich selbst. *Ein* Subjekt. Und auf diesem Wege sind wir ja noch ganz am Anfang. Noch steht die digitale Medienmaschine zwischen uns und unseren Empfindungen. Aber wir wissen, dass die Nanos, über die Blutbahnen in unser Gehirn eingeschleust, unmittelbar Empfindungen in uns aufrufen könnten. Damit ist der Weg dann endgültig frei! Die Nanos werden unsere Gefühle genau so steuern, besser: *existieren*, wie sie die Nierenfunktion oder eine Nervenverbindung steuern, besser: *sein* werden. Das ist ein einfacher Sachverhalt der digitalen Medizin, die in den Grundlagen bereits entwickelt worden ist.

Wir hören von den Ingenieuren und Programmierern, dass wir in absehbarer Zeit realen Sex mit der Geliebten haben werden, unabhängig davon, wo die Frau und wo wir selber uns gerade befinden. (Der Sex findet in unseren Gehirnverschaltungen statt und an keinem äußeren Ort.) Das ist nett gemeint und höflich formuliert. Sozusagen die moralverträgliche Formulierung eines technischen Sachverhaltes, der sich auch ganz anders beschreiben lässt. Nämlich so: Wir werden in absehbarer Zeit realen oder irrealen Sex mit »irgendwem« haben, wann immer wir wollen. Die ideale Version von »irgendwem« wäre natürlich die ganz spontane Erscheinung eines Wesens, das direkt aus unserer Phantasie aufsteigt, oder besser *in* unserer Phantasie (was eine zutreffendere Formulierung ist, weil dieser Sex, wie gesagt, in neuronalen Entladungen in spezifischen Gehirnlappen und nicht auf der Netzhaut des Auges stattfände). Die noch idealere Fassung von »irgendwem« wäre einfach »ich«, und dann wieder »ich«, und dann noch einmal.

Die idealste Version des Sexualpartners ist die objektlose. Totaler geht es nicht. Das ist der Männer- und Machttraum im Sex, bis zur Totalität der Einvernahme, bis zur Auslöschung des »Anderen«. Er ist zum Greifen nahe. Er ist machbar. Er wälzt die intimsten Verhältnisse um.

Sind das Spekulationen, Phantastereien, ein bisschen spinnert? Aber es liegt doch technisch (fast) alles bereit. Das »Ich«, mit digitaler Software verkabelt, bewegt sich heute schon real im Cyberspace. Dieses Erlebnis gibt es für zehn Mark oder weniger in jedem besseren Cyber-Café. Sicher, eine Massenproduktion von *Programmierungen als Ich-Realität* stößt noch auf kulturelle Hemmungen, auf Barrieren, die ein Massengeschäft risikoreich erscheinen lassen. Aber das sind Aufschübe. Alles ist technisch vorbereitet, und was an Erweiterung von medialem Erleben machbar ist, ist in der Mediengeschichte auch gemacht worden. Spätestens morgen.

Vaughan wollte die Frau als Prothese, den Körper als Technik. Seine Phantasien und Phantasmen waren mit der Ästhetik des Technischen vermählt. Geschwindigkeit, Eleganz, Glätte, Perfektion. Das alles wollte er auch in seinem Sex, *in* seinem Gehirn in dem Moment, in dem dieses von Erregung überflutet wird. Die Herrschaft der Technik im Sex: als Intensivierung von Sex oder als äußerste Intensivierung des Technikerlebens. Oder als beides. Vermutlich beides.

Die Vermählung von Technik und Sex, die Steigerung der Verfügbarkeit des Sex' *bis hin zur Verfügung über das eigene Unbewusste* – männlicher können Phantasien gar nicht sein. Die Männer-Maschinen-Tradition nimmt eine neue Wendung. Sie unterwirft nicht nur die äußere Natur und die Frau mit ihr, wie wir es aus der Geschichte der letzten drei Jahrhunderte kennen. Sie unterwirft nunmehr die innere Natur, das Innerste, und vermengt die Geschlechter.

Die Welt ist nicht genug, singt die schöne Frau, die vielleicht ein Cyborg, der auf Video-Material gefilmt wird, vielleicht ein Rechenprogramm ist. Man kann es nicht sehen. Verführerisch ist sie in jedem Fall. Tödlich auch, wir wissen es. Am Ende des Videos liegt sie auf einem Erdball, in Besitzerpose. Sie ist im Besitz der Macht. Das ist zweifellos ein Verlauf, den die Geschichte der Männer *auch* nehmen könnte. Die Frau als Besitzergreifende *im* Gehirn des Mannes, das würde ihn zerstören. Das wäre das Ende aller Geschichten.

9. Kapitel

Zeitaufnahme 3

Böse Mädchen und die Gnade der Dummheit

> In den müden 80er Jahren zerbröselt die Frauen- und Friedensmoral und endet in einem intellektuellen Desaster.

Berlin 1990 – Sommer. Das war der Aufbruch des westlichen Europa zu neuen Höhenflügen. Mit dem Niederreißen der Grenzen zum Osten war endlich etwas passiert. Etwas Neues in dem gnadenlos faden Fluss des Immergleichen in Produktion, Verwaltung, Freizeit und Kultur, der die westlichen Gesellschaften überschwemmt hatte. Endlich taten sich nach langer Zeit wieder unbekannte, unerschlossene Gebiete auf. Die Langeweile, die den digitalen Kapitalismus zu überkommen drohte, wurde erst einmal gestoppt. Es war auch höchste Zeit.

Eine Euphorie des Geldes, ein Karrierekult der schicken Art, hatte sich seit Beginn der 80er Jahre ausgebreitet. Yuppies an den Börsen, Frauen in den Marketing- und Verkaufsabteilungen im soliden Grau, dezent gestylt. Und in der Freizeitkultur der Jungen tönte es: »Gib Gas – ich will Spaß«. Machte auch Spaß, aber nur kurze Zeit. Es war ein begrenztes Vergnügen, wie vielleicht nicht die Geschäftsleute, aber ganz sicher die Kultur- und Medienleute im gehobenen Life-Style-Ambiente bald ermüdet feststellten. Es war eine Zeit der geistigen Übergänge. In der öffentlichen Moral dominierten die Hippie-Ideen, die Ideale der Frauenbewegungen, der Friedensfreunde. Zumindest in Deutschland hatte sich ein Niveau der allgemeinen Durchschnittlichkeit eingestellt. Die früher rebellischen Ideen waren auf ein angepasstes Mittelmaß abgesenkt worden. An die Stelle der verherrlichten Sexualität, die den Menschen an Geist und Körper befreien sollte, war eine Art »gesunde Sexualität« – alternativ: »natürliche Sexualität« – getreten, auf die sich im Großen und Ganzen jeder verstehen konnte. Vom katholischen Pfarrer bis zum Sex-Guru in der körperintensiven Therapie von Wanne-Eickel oder anderswo. Die Ideen der Frauenbewegung waren akzeptiert, und das nahm ihnen die Schärfe, die sie im Protest gewonnen hatten.

An das Niveau der Durchschnittlichkeit, mit dem alle irgendwie zufrieden waren, schloss sich eine moderate Langeweile an. »Gib Gas beim Spaß« half da auch nicht viel. Von den Punk-Außenseitern abgesehen, die, ohne es zu wissen, die Zukunft auf ihrer Seite hatten, herrschte ein innovationsarmes Klima. Als Folge entstand bei einigen eine Mode des Zynismus. Fette Sprüche gegen das gesunde Zeitempfinden. Das frischte die Atmosphäre kurzzeitig auf, dauerte aber nicht lange. Und zwar aus einem einfachen Grund: Jeder Zynismus braucht einen stabilen Widerpart, gegen den er anrennen kann. In den 80er Jahren zeigte sich, dass der Bestand der öffentlichen Moral unter der Hand zerbröselt war. Keiner hatte es so recht bemerkt. Erst als die alten Werte einer zynischen Kritik unterzogen wurden, merkte man, dass die allermeisten moralischen oder sexuellen Tabus, die gebrochen werden sollten, ziemlich verbraucht waren. Die Empörung, die ein Zyniker benötigt, um zynisch zu sein, das heilige Erschrecken, das ihn freut, gab es kaum noch. Von Moral im Verhältnis der Menschen zueinander war ganz im Sinn von Frauen- und Friedensbewegungen viel die Rede, aber keiner glaubte so recht daran. Einem allgemeinen Kopfnicken folgte ein allgemeines Desinteresse auf dem Fuß. Dieses Land hatte einen erdrückenden Konsens, aber nicht eine einzige Überzeugung.

Zum Beispiel der weibliche Körper: Gehätschelt und lyrisiert in den ersten beiden Jahrzehnten dieses Jahrhunderts, mal mystifiziert und dann entmystifiziert, zuletzt in verschiedenen Gossen gesichtet und geplündert – von »Ulysses« bis zu den pathetisch besungenen Krankenlagern des Dr. Benn – und ganz zuletzt in die Klauen der Mutter-Erde-Bewegung verbannt und von ihr und den Frauenrechtlern in ein Moralkorsett gesteckt. So war mit ihm umgegangen worden. Danach gab es keine sexuellen Geheimnisse mehr. Nicht einmal die immer wieder gern gehörten Entdeckungen aus den Therapiestuben der Psychoanalyse lieferten jetzt noch dunklen Stoff und hoben ihn ins Licht. Nicht einmal sie vermochten mit ihren Nachrichten aus den verborgenen Körperregionen die gelangweilte aufgeklärte Vernunft zu verzaubern. Alles war bekannt und kategorisiert und nach festen Ordnungen eingeteilt. Die Frauenbewegungen hatten den weiblichen Körper als ästhetisch-verführerisches Faszinosum abgeschafft und deklarierten die gesunde Sexualität. Alles, was dunkel und verborgen gewesen war, die Lust an der erotischen Gewalt, der Eros der Tränen (Bataille) ebenso wie die polymorphen Phantasien, die eine Kulturgeschichte von 3000 Jahren und mehr gefüllt hatten, war entweder verpönt oder bis zum Überdruss bekannt. Oder beides. Selbst die akzeptierten »Perversionen«, also die Homosexualitäten, kamen nicht zu ihrem eigenen Recht, sondern wurden unter dem Stichwort »normal« abgeheftet und verloren mitsamt ihrem Makel auch ihre Besonderheit.

In der hochindividualisierten Gesellschaft der 80er Jahre waren alle miteinander ein und derselben Meinung, was die Dinge der Moral betraf. Alles war vernünftig geregelt. Nun ist es aber so, dass das Gesunde in all seinen Erscheinungsformen kreuzlangweilig ist. Kurzum, das kulturelle Bild des weiblichen Körpers, den die Frauenideologinnen und ihre männlichen Stellvertreter gegen die Gelüste der Pornografie und Perversion verteidigten, war ein zutiefst fades. Das Geschlechtliche verdorrte im Licht des Anstands und der Vernunft. Was für eine Bankrotterklärung! Die westlich-abendländische Vernunftkultur kramte in ihrer Geschichte und wurde nicht fündig, zum Schluss musste sie zugeben, dass sie keine andere Evokation der menschlichen, zumal der weiblichen Körperlichkeit zustande gebracht hatte als ein kümmerliches Ideal von »Gesundheit« und Normalität. Langweilig, vertrocknet und spießig. Nebenbei bemerkt ist nichts so riskant wie das zum Ideal erhobene Normale, das Durchschnittliche als moralische Verpflichtung. Das war nämlich schon immer zur Konsequenz der Dummheit, zu Lynchjustiz und gehorsamem Totschlag aufgelegt. Das Morden folgte dem gesunden Volksempfinden oft genug unmittelbar nach. Das ist die eine Möglichkeit. Die andere besteht aus einer Art flächendeckender Langeweile.

Die unaufgeregten 80er Jahre hatten mit Totschlag nichts zu schaffen, aber viel mit Langeweile. Und die breitete sich aus, gnadenlos unter dem ständigen einfallslosen Gestampfe: Ich will Spaß - ich will Karriere – ich will ... Aufgeregte Selbsterhaltung, aber ohne Selbst. Hektische Bemühungen um Spaß, aber ohne Freude. Und vor allem: ohne jene im Verborgenen fließenden Energien, die dem Spaß ein Gran der »ewigen Lust« beigesellen, von der Nietzsche spricht. Spaß ohne Verbot, das ist keiner. Spaß ohne Risiko ermüdet!

Der Zeitgeist verlangte, dass alles, was geschah, »gesund« und »normal« zu sein habe. Kaum etwas passierte, ohne dass die Akteure zunächst einmal ihr »Recht darauf« proklamierten und ausführlich begründeten. Die Begründungen liefen allesamt – man lese das einmal nach – darauf hinaus, dass Rapper oder Raver, die Transsexuellen und -vestiten, die ganz Dicken oder die Magersüchtigen oder sonst jemand nicht anders seien als alle anderen, also normal, also gesund und insofern im Recht. Das war die große Legitimationsfigur jener Jahre. Alles bewegte sich im Einzugsbereich eines gewaltigen kulturellen Konsenses.

Wie insgeheim gefährlich der war, das hat mein toter Freund Franz Christoph aufgezeigt. Als in Tschernobyl ein Atommeiler explodierte und ein zweiter angeschlagen war, verbreitete sich gerade unter den »Grünen«, den Frauengruppen, eben den Nachfolgern der Hippie-Bewegungen, eine panische Furcht, die bezeichnenderweise eine Furcht vor dem Un-Gesunden war und sich auch genau so zu Wort meldete: »Behindert sein ist schlimmer als tot.« Die Atomfurcht richtete sich als Erstes instinktiv auf die innigste Angst, die allen Gesundheitsfetischismen offenbar zur Seite gestellt ist: die vor der Behinderung, der Abweichung, dem A-normalen. Franz, der an einer schweren Kinderlähmung litt und im Rollstuhl saß, fragte in mehreren Publikationen höhnisch zurück: Schlimmer als tot? Was heißt das? Empfehlt ihr mir, dass ich mich umbringe?

Da zeigten die Gesundanbetung und das »Normale« ihr anderes Gesicht. Franz sprach vom »tödlichen Zeitgeist«. Ja, es gab diese dunkle Seite, die Todesenergie in dieser Kulturlandschaft des Rationalen und Gesunden durchaus, aber sie kam nicht recht zum Vorschein. Sie hatte keine interessanten Propheten, keine faszinierenden Verkünder, Künstler, Moderatoren, die sie ins öffentliche Bewusstsein hätten heben können, die ihr hätten Stil und die Kraft der Provokation verleihen können. Nur für einen Moment war angesichts der Tschernobyl-Katastrophe etwas von der dumpfen Kollektivität der Gesundheitsanbeter, der Friedensfreunde, der Praktizierer gesunder Geschlechtlichkeit durchgeschimmert. Dann versank das alles wieder. Es wurde schnell zugedeckt. So sehr zugedeckt und dem Vergessen anheim gegeben, dass selbst die zynischen Intellektuellen und Künstler in ihrem Versuch, die Langeweile auszutreiben und das Mittelmäßige der Fun-Kultur zu enttarnen, gegen *diesen* Zeitgeist nicht ins Feld zogen. Auch sie blieben ganz allgemein: Alles so fad hier …

Sie hatten sich aber auch einen schweren Job aufgebürdet, einen aussichtslosen. Das Gesunde ist, wie gesagt, das Geheimnislose schlechthin. Das Gesunde und Natürliche ist Bodenständigkeit in extenso. Gegen sie ist so wenig auszurichten wie gegen Dummheit.

Wer einmal versucht hat, einen zutiefst dummen, in sich ruhenden Menschen zu irritieren, ihn zu beunruhigen, zu einem eigenständigen Gedanken zu verleiten und vielleicht sogar in Rage zu versetzen, der kennt dieses Gefühl abgründiger Ohnmacht, das einen nach einiger Zeit übermannt:

Dem ist nicht beizukommen, nicht mit den Mitteln des Geistes. Nicht mit Witz, nicht mit Ironie. Überhaupt nicht mit Worten. Man kann höchstens zuschlagen – aber andererseits, warum sollte man? Dumme Menschen sind so langweilig. In ihrer Gegenwart ist alles so furchtbar egal! Wie soll man sich da so richtig echauffieren? Dumpfheit und Dummheit machen einfach nur ratlos.

Ungefähr so erging es auch den Künstlern, Literaten, Kabarettisten, die sich mit intelligentem Zynismus gegen die penetrant moralisierende Langeweile stemmen wollten, gegen die alles und jedes aufsaugende Korrektheit des Denkens und Fühlens, die sich unter der Kontrolle einer zerfahrenen, aber öffentlichkeitsmächtigen Frauenbewegung ausbreitete. Man kam dem Zeitgeist einfach nicht bei. An seiner Biederkeit perlte jede Provokation ab.

Auf einem eher nebensächlichen Schauplatz konnte man in diesen Jahren etwas sehr Bezeichnendes beobachten. Ich will es kurz in Erinnerung rufen. Die Privatsender kamen auf. Sie suchten ihre Marktlücken, Themen neben der von Aufsichtsräten gesteuerten Wohlerzogenheit der öffentlich-rechtlichen Anstalten. Dabei ist es nicht so, dass ihnen viel einfiel. Sie waren ja selber Kinder der frommen Denkungsart, die alle Medien und Schulen und Hochschulen und selbst die Industrie- und Handelskammer beherrschte. Aber RTL plus entdeckte dann doch etwas – auf vernachlässigte Randgruppen wie »richtige Männer« spekulierend –, wovon sie sich Resonanz erhofften, nämlich die Verführungskraft des weiblichen Körpers. Das geschah ganz auf die altbackene Stammtischart, mehr war von den RTLern nicht zu erwarten. Sie führten eine Riege hübscher Darstellerinnen vor, die wie Südfrüchte benannt wurden, Orange, Mango und Ananas, zum Anbeißen sozusagen, und die zogen sich dann aus und schwenkten den Hintern … Die Sendung hieß Tutti Frutti.

Man sollte meinen, das sei ein kräftiger Schlag in das aufrechte Gewissen der egalitär-frauenbewegten Gesellschaft und ihrer Kulturvertreter und -vertreterinnen gewesen. War es auch, mit der ganzen Aufdringlichkeit des schlechten Geschmacks. Aber der Aufschrei, den eine Verletzung tief verinnerlichter öffentlicher Moral hätte nach sich ziehen müssen, blieb aus. Es zeigte sich, dass diese provozierend rückständige Männerphantasie außer die Professionals der Frauenbewegung und ein paar Moralwächter niemanden aufregte.

Und spätestens zu diesem und ähnlichen Anlässen wurde deutlich, dass die Tugenden und Tabus der moralisch-politischen Korrektheit zwar verkündet und akzeptiert wurden, aber eigentlich niemanden interessierten. Schon gar nicht waren sie »verinnerlicht«. Sie wurden nachgeplappert, aber nicht gefühlt. Schimären, keine Tugenden. Proklamationen, keine Haltungen (wie man das ähnlich aus totalitären Gesellschaften und deren ideologischen Glaubenssätzen kennt). Die kulturell-mediale Vorherrschaft mittels Werten und Haltungen, die Frauen- und Friedensbewegungen okkuppiert hatten, war auf Sand gebaut.

So gab es für einen kritischen Geist jener Jahre nicht einmal die Möglichkeit, einen gekonnten Tabubruch, eine süffisante Provokation gegen den korrekten Zeitgeist zu platzieren. Was da zu Bruch ging, das war viel zu instabil. Das erzeugte, wenn es angegangen wurde, keinerlei Krach. Kaum ein müdes Geräusch war in den zusammenfallenden Kulissen der Wohlanständigkeit zu vernehmen – das Publikum betrachtete den Sturz seiner Tugendprediger mitsamt ihrer Lehren mit mäßigem Interesse.

Konsequenterweise endete der Zynismus der Künstler und Kabarettisten damit, dass sie sich selber parodierten und in den reinen Blödsinn flüchteten, dabei immerhin so konsequent verfuhren, dass man zum Schluss nicht unterscheiden konnte, wer von den Kalauerproduzenten im TV oder auf der Bühne, im Kino und in der Pop-Kultur originär doof und wer zynisch war. Beides kam auf dasselbe hinaus. So nannten sich die Protagonisten jetzt nicht mehr

Kabarettisten im zeitkritischen Sinn, sondern Comedians, und hielten sich in dieser Form bis heute: wieder nur »fun«.

Das Verwirrspiel zwischen artifiziell-raffinierter Doofheit hier und purer Plattköpfigkeit dort war trotzdem in einem ganz besonderen Sinn erheiternd. Sogar erhellend. Warum? Inzwischen hatten die digitalen Freizeitmedien in TV, Kino und Pop-Kultur damit begonnen, *alle* Grenzen einzureißen. In ihrem ästhetisch-technischen Rahmen war die Frage, was künstlich und was real ist, nicht mehr zu beantworten. Da war es schon aufregend und deckte etwas vom tatsächlichen Geist der Zeit auf, wenn man bei manchen Comedians mit wohligem Schauer merkte, wie alle Kriterien der alten Kultur, wie alle Geltung des »Authentischen«, wie alle Differenzen im Rausch einer Medienevolution dahin schwanden. Das war ein Spaß und mehr als Spaß.

Auf diese Weise funktioniert Comedy im TV immer noch. Ein Zotenreißer wie Ingo Appelt darf öffentlich darlegen, dass er ein moralischer Mensch sei. Er meint das ernst. Ihm ist zu glauben. Eben weil ihm überhaupt nicht zu glauben ist und er alles oder nichts ernst meint. Kein Unterschied! Keine Differenz. Das ist lustig …

Die Moral und der Zynismus, die ungleichen Zeitgeist-Geschwister, zerbröselten gleichzeitig, das war ungefähr Ende der 80er Jahre. Die Comedians blieben. Und die Zeiten wurden härter.

Im Wirtschaftsleben verhielten sich die Dinge anders. Dort hatte der zynische Umgang des Menschen mit dem Menschen eine rationale Basis und dauerte an. Dort hatte man und hat bis zu einem gewissen Grad heute noch gute Karten mit einem lautstarken antihumanen Verhalten. Damit kann man Pluspunkte verbuchen oder vielleicht ein paar Abende lang in den ortsbekannten Bars der umherstreunenden Geschäftsleute und Handelsvertreter prahlen und das Selbstbewusstsein stärken, vielleicht die eine oder andere jüngere Dame aufreißen, die im Zuge des allseits propagierten weiblichen Karrierismus bereitwillig alle femininen Ideale über Bord geworfen hat und zu jeder Anpassung in jeder Form bereit ist. Solche Damen jüngeren und inzwischen auch mittleren Alters gab es damals viele, es gibt sie heute noch. Die früheren Inhalte der Frauenbewegung (und der mit ihnen verbundenen sozialen Bewegungen) haben sie vergessen oder nie gekannt. Das biologische Faktum, Frau zu sein, reicht ihnen aus, um sich in gewissem Sinn als Erbinnen des Feminismus zu verstehen.

Managementbücher, Ratgeber für die Herren und Damen solcher Art gab es Ende der 80er Jahre ebenfalls genug. Der Boom für diese Art Lebensrezepte ist, von wenigen »Klassikern« abgesehen, eigentlich vorbei. Nur in einem einzigen Fall ist gar nichts vorbei. Die Rede ist von einem Buch, in dem die uralte männliche Rivalitäts-Management-Literatur mit weiblichen Vorzeichen noch einmal (ab)geschrieben wurde. Und das vom Start weg ein Erfolg war. Wir sind jetzt schon im Jahr 1997. Da wärmte eine Management-Trainerin den Milchbrei der unfrommen Karrieristen-Denkart ein letztes Mal auf, übernahm einen Slogan der 68er-Frauen: »Gute Mädchen kommen in den Himmel, böse überall hin ...« und bastelte daraus einen Bestseller. Dieser wurde über eine Million mal verkauft.

Ich habe ihn gelesen, und ich kann bezeugen: Nicht ein einziger Satz ist in dem Werk zu finden, der nicht die Karriere-Gesinnung der 80er Jahre widerspiegelt. Die Thesen, soweit man von Thesen sprechen mag, sind von den egomanischen Managementschulen abgeschrieben und unterscheiden sich nur dadurch, dass hinter jeder Personenbezeichnung ein »/in« auftaucht. Die Auflage, wie gesagt, geht in die Million. Die jungen Frauen der späten 90er Jahre kaufen massenhaft.

Ist das alles, was vom Feminismus geblieben ist? Ist es das, was einer nachfolgenden Generation von den Ideen der Weiblichkeit konkret und plausibel genug erscheint, dass sie allein dies und sonst nichts zur Kenntnis nimmt? So ist es wohl, und diese innere Leere, moralsüchtig übertüncht, die sich darin offenbart, war für aufmerksame Geister schon in den 80er Jahren erkennbar. Damals trübte sie das kulturelle Klima. Heute hat sie alle Kraft eingebüßt, zu ihrem und zu unserem Nachteil.

Auf solchem unfruchtbaren geistigen Boden – zu dem das »Böse Mädchen-Buch« eine Art 90er-Jahre-Nachgeburt ist – stand die geistige Situation zum Ende des achten und Beginn des neunten Jahrzehnts und strahlte nur Langeweile aus. Die Themen waren verbraucht. Die Gesichter wurden länger. Die Ideale verpufften und wurden uraltem Männerdenken angeglichen. Der intellektuelle Zynismus der 80er Jahre wollte einen letzten Funken aus dieser Asche hervorpusten und endete selber auf dem Aschenhaufen. Die wirtschaftlich erfolgreichste Phase der westlichen Demokratien hatte sich geistig und moralisch in einem Nirgendwo verirrt und war ohne Ziel, ohne Zukunft und Vision und wusste mit ihrer Geschichte nichts anzufangen. Geschichte – das war für den Zeitgeist-Opportunismus die Vergangenheit des Patriarchats, von dem man sich verabschiedet hatte. Und Zukunft? Die, so hörte man, werde weiblich sein.

Aber daraus wurde nichts. Die feministischen Ideen hatten den Bezug zu den großen Themen verloren, wie sie trotz aller Ideologieverhaftung »Natur« und »Gleichstellung der Geschlechter« im Verein mit den Bürgerrechtsbewegungen gewesen waren. Auf die Egozentrik des Geschlechts reduziert, waren sie nur noch Spiegelungen eines allgemeinen gesellschaftlichen Trends, nämlich dem hin zu einer Selbstverwirklichung, bei dem das Selbst von sich selber nicht mehr weiß, als dass es seine Ziele mit Macht erreichen will. Aber welche Ziele? Karriere, Fun, Anerkennung?

Die Jagd nach »Fun« hatte immer etwas Atemloses, Hastiges. Als sei »Spaß« ein Schutzschild gegen eine bedrohliche Leere, die eben mit egozentrischen Mitteln nicht aus der Welt zu schaffen ist, und andere kannte man nicht. Das war ein allgemeiner Trend, doch die Weiblichkeitstheorien und -dogmen passten sich eben dort ein, füllten den diffusen Bedarf nach Orientierung hilflos mit jenen Normalitätskategorien, von denen wir gesprochen haben, und liefen gemeinsam mit der ganzen Gesellschaft in eine dröhnende, eilige Leere.

Was schließlich nach zehn Jahren von all dem blieb, war ein verspätetetes Buch-Imitat, das alle Inhalte einer kaltschnäuzigen männlichen Karrierekultur übernahm und mit der Empfehlung endete, es als »böses Mädchen« den Männern gleichzutun.

10. Kapitel

Transformationen des Männlichen. Viertes Beispiel

Verabschiedungen. Das Zeitalter der schweren Maschinen geht zu Ende, und die Männer sind traurig

I.
Über Berlin, das wieder vereinigte, legt sich die Abendröte der Männer-Maschinen-Kultur.

Also Berlin 1990. Öffnung zum Osten. Schon das Wort klang nach Neuigkeit und Abenteuer. Tut es heute noch! Nach Osten, und wenn nicht gleich ganz in die verwüsteten Landschaften von Halle und Frankfurt-Oder, Warschau, Moskau und Kiew – aber wer kennt sich dort schon aus? –, so doch nach Berlin. Ost-Berlin, *Osten light!* Das war der heiß angesagte Kompromiss der Glücksritter des Geldes, die immer ganz schnell sein wollen und immer ganz schnell pleite sind. Aber auch der Künstler aus aller Welt, die Anfang 1990 hereinströmten. Und natürlich der Feuilletonisten und anderer Intellektueller mit festem Wohnsitz und festen Gehaltsabrechnungen, die eifrig vorbeischauten und zuhause davon erzählten: von der Oranienburger, wo es die schönsten Mädchen des Ostens auf dem Straßenstrich gab, vom Tacheles, wo der kalte Luftzug der Subkultur durch alle Ritzen pfiff, vom Tränenpalast, wo die Jugendkultur den Punk auferstehen ließ, oder vom Bunker, wo Techno und Sado-Maso in schöner naturwüchsiger Eintracht die Betonhallen teilten. Berlin war 1990 und 1991 und noch 1992 das innovativste Pflaster der westlichen Welt.

Von diesem Berlin 1991 will ich berichten, genau genommen nur von einem Sommerabend in Ostberlin. Ein Samstag, einer wie viele, die Stadt brodelte von Aktionen, Performances, Festen, die die Künstler aus aller Herren und Damen Länder anrichteten. Von überall waren sie hierher gekommen, irgendeinem Gottesruf oder einer Medienbotschaft folgend. Ich habe auf meinen Samstagnachtspaziergängen Israelis ebenso getroffen wie Franzosen, Inder und Iraner, derbe Handwerker aus Texas oder Idaho, Feingeister aus Spanien und natürlich viele Deutsche aus den Provinzen, Sachsen und Schwaben, das Gemisch der Dialekte war nicht weniger eigenartig als das der Sprachen. Der Gott, der sie rief, war, vermute ich, nicht zuletzt deshalb so machtvoll, weil er qua digitaler Kommunikationsapparate das Ende der Langeweile in Berlin verkündet hatte. Auf nach Osten, mindestens Ostberlin, dort ist das Leben noch hart und, anders als zuhause, *real*. Die Ruinen sind nicht aus Styropor, wer in diesen Häusern Hand anlegt, geht mit Stein und Mörtel um und baut Wirklichkeit.

Die Künstler aus aller Welt waren nicht von der ganz verfeinerten Sorte. Sie waren Handwerker, meist Männer, und sie machten sich sogleich über die vielen leer stehenden Ruinen her und richteten sie ein, montierten Fenster, bebauten Hinterhöfe, zogen Elektrodrähte und zapften irgendwelche Leitungen an, und sie waren zugleich, mitten im Sanierungsgeschäft, unaufhörlich mit »Kunst« beschäftigt. Einer seltsamen Art von Kunst.

Es war auffällig genug und ist trotzdem nur selten beschrieben worden (die Feuilletons brauchten lange, Monate, Jahre, bis sie die Berliner Kulturszene jenseits der zwei Opernhäuser und der großen Theater zur Kenntnis nahmen): In vielen, *sehr* vielen Hinterhöfen solcher halb renovierter Künstler-, Punk- und Globetrotterruinen entstand eine Art »Maschinenkunst«. Sie zeigte, quer durch Ostberlin, immer dieselben Motive: Abgestürzte Maschinen, Flugzeuge, deren Rumpf sich in den Matsch bohrte, zerquetschte, gefledderte Autos. Aus solchem Material errichteten sie ihre Trash-Skulpturen: gequälte Maschinen, in einer ruinierten Stadt.

Maschine und Destruktion – diese Motivverbindung taucht wohl immer dann auf, wenn irgendwo ein Machtblock zerbricht. Dann kommt, wie in Alpträumen, der verdrängte Schrecken in vielen kleinen Details, in Realsymbolen wieder zum Vorschein und lässt sich nicht abschütteln. Alle rollenden Maschinen haben etwas von militärischer Macht. Schwere Räder, Karosserien, Turbinen, Panzerketten. Im Realen machen sie Angst, im Symbolischen Angst*lust*. Die Performances und Installationen in Berlin spielen mit beidem.

II.
Eine Performance auf dem Reichstagsgelände. Der Untergang der Maschinen

Einer dieser Künstler war Pauline Valentin. Auch so ein Maschinenbesessener. Hyperaktiv, wie man heute sagen würde, als Jugendlicher auf dem besten Weg, ein Ghetto-Ganove zu werden, bis ihn ein Gott mit seinen Maschinen zusammenführte und sein Geist erwachte.

Pauline ging mit Maschinen um wie ein Maler mit der Farbe, wie ein Musiker mit den Klängen eines Instrumentes, ein Lyriker mit Worten. Pauline, der Avantgardist, zerstörte, zerschredderte die alte Maschinenform und ersann Neues. Zuerst, in den frühen 80er Jahren, erzählt er, stromerte er auf Schrottplätzen herum; der eine oder andere höchst reguläre Parkplatz mit dem einen oder anderen gebrauchstüchtigen, aber unverschlossenen Auto wird wohl auch darunter gewesen sein.

Pauline nahm, was er verwenden konnte, und das war so ziemlich alles, was aus Metall oder Gummi war, Seitentür und Kotflügel, Reifen, Steuerung, die empfindliche Elektronik – im Prinzip alles. Und wenn er mit Karren voll Metall und Blech und Elektronik in seiner Garage ankam, in der er die Tage und die Nächte verbrachte, dann begann sein Geist sich zu regen. Pauline wurde zum Schöpfer, zu einem Maschinengott.

So wie Paulines eigener Geist angesichts der Maschinen erst richtig wach geworden war, so, sagte er, wollte er auch in oder mit den Maschinen einen neuen Geist erzeugen. Nicht, dass es ihm gelang! Paulines Maschinengeist existiert noch immer nicht oder nur teilweise, aber er hatte sich ein Ziel gesetzt, auf dessen Weg er zu den erstaunlichsten Konstruktionen kam.

Gelenkige Maschinen, die gelernt hatten, Objekten jeder Art auszuweichen, und die, wenn sie in großer Zahl in einem eingegrenzten Raum in Gang gesetzt wurden, die erstaunlichsten Choreographien zeichneten – die hatte Pauline schon fünf, sechs Jahre früher gebastelt und vorgeführt. Ich erinnere mich an eine Performance in der Berliner Akademie der Künste, bei der Pauline einzelne hässliche Maschinen, kleine selbstbewegte formlose Metallklumpen, auffahren und sie verschiedenartige Farben auf den Untergrund zeichnen ließ. Die Farbstreifen und -kleckse mischten sich dann, liefen ineinander und hinterließen, dem Zufallsprinzip folgend, chaotische Formen auf dem Boden. Wenn ich mich recht erinnere, gefiel das den neugierigen Künstlern und Kunstprofessoren und Feuilletonisten – es handelte sich um einen Kongress aus der nicht enden wollenden Reihe »Digitalität und Kunst« – ganz ausgezeichnet. Mir nicht. Ich fand es langweilig und hatte Pauline auch ganz vergessen, bis ich ihn an diesem Abend in Berlin wiedertraf. Genauer gesagt, bis ich auf dem damals noch leeren Gelände rund um das Reichstagsgebäude über ihn stolperte und »Hallo« sagte.

So kamen wir ins Gespräch. Pauline war inzwischen eine Insider-Berühmtheit geworden, er hatte mit Inszenierungen in San Francisco und anderswo einen gewissen Ruf erlangt. Die Kunstszene akzeptiert eigentlich alles, was besessen genug daherkommt, das macht immer wieder ihre Stärke aus. Und Pauline und seine Freunde waren Besessene. Katastrophen- und Maschinenliebhaber. Meister der Maschinenerotik. Sie durften, vermute ich, das Gelände am

Reichstag ganz legal benutzen. Die San-Francisco-Aktion war oft genug beschrieben und als Erfolg gewertet worden, Berlin zog in jenen Jahren solche Leute nicht nur an, sondern finanzierte sie auch.

Sonst war aber nichts legal an diesem Samstagnacht-Maschinen-Eros-Debakel, und ich erkläre gleich, warum. Aber es war beeindruckend. Es war großartig. Pauline beziehungsweise seine Maschinen waren in den Jahren seit der Akademie-Vorführung kräftig gewachsen. Der Erfolg hatte Pauline nichts antun können; wie einer, der von einer perversen sexuellen Lust getrieben wird, war er nicht korrumpierbar; er modellierte seinen Maschinentraum, je mehr Geld ihm zufloss, auf die immer gleiche, nur immer größere, ausufernde Weise. Pauline war wie seine Maschinen: unersättlich.

Was ich da in der sinkenden Abenddämmerung auf dem weiten leeren Gelände am Reichstag aufgestellt sah, war kurios und monströs. Pauline hatte, wie er später in einem Gespräch zugab, die Bestände der sowjetischen Militärs geplündert. Legal, betonte er. Aber wer sollte ihm das schon glauben! Die verlassene Militäranlage und die vielen im Stich gelassenen Maschinen, komplette Fuhrparks, mussten Pauline elektrisiert haben. Was er da zu sehen bekam, das ähnelte schon sehr seiner Vision einer von Maschinen bevölkerten Erde – von selbstständigen Maschinen, wohlgemerkt, die einen eigenen Willen und eine besondere unerforschte Seele haben. Im Osten standen sie überall herum, zurückgelassen, überflüssig, nutzlos und sehr traurig.

Die ausdrucksvollsten hatte Pauline auf das Reichstagsgelände transportieren lassen: Laster, die nicht so aussahen, als würden sie sich jemals wieder von der Stelle rühren, Bagger, eine Kohorte von Baggern, mit stumpf aufragenden Armen, wie riesige Insekten, aus einer untergegangenen urweltlichen Spezies hervorgegangen. Rümpfe von sowjetischen Migs, deren Flug endgültig zu Ende war, kopfüber im Berliner Sandboden, kolossale Versager, deren große Zeit, als sie westliche Staaten und östliche Völker in Schach hielten, aus und vorbei war, man sah es ihnen an.

Ein melancholisches Bild, ein Absturz aus der Höhe entwickelter Maschinenkraft, aber ein fraglos imponierender. Pauline liebt seine Maschinen.

Sie haben eine Seele, sagt Pauline, und ihre Seele trauert. Pauline erlöst sie, indem er ihnen ihr Funktionieren zurück gibt oder ihnen ein anderes Leben schenkt; er baut ihnen eine neue Mechanik ein, installiert ein computergestütztes Steuerungsprogramm und zaubert ganz neue Bewegungen und Abläufe aus den schweren Maschinenkörpern hervor – oder er demontiert sie und erschafft aus den alten neue Maschinen.

Paulines Maschinentraum ist ein Schöpfertraum – homo faber creator –, aber durchtränkt von einem tiefen Respekt vor der Wucht, ja der Übergewalt der Maschinen.

Und hat er nicht recht? Stehen die Geräte nicht schwerfällig und mit Resten ihres alten Stolzes auf dem Reichstags-Gelände, und bewegen sich die Besucher nicht vorsichtig und beeindruckt um sie herum, fast schüchtern, hier und dort ein Metallteil berührend, durch ein Seitenfenster (ein zerbrochenes) in ein Cockpit oder eine Steueranlage blickend, respektvoll eben?

Pauline, der viel von Maschinen und ihrem eigenen Willen weiß, hat in San Francisco Roboter, mit Flammenwerfern bestückt, auf den Maschinenpark geschickt, und während die Bagger und die Reste von Militärmaschinen jeglicher Art vor sich hin rumorten und dröhnten, taten die Roboter, was sie tun konnten: Meterhoch, so ist in der US-Presse nachzulesen, schlugen die Flammen und richteten sich auf alles, was sich bewegte.

Man soll ja nichts übertreiben, aber ich kann gut verstehen, dass manche Besucher der legendären Francisco-Performance erzählten, dass sie etwas vom Schreien des Metalls, vom Zorn der Maschinen, bevor sie versengten und einschmolzen, gehört und gespürt hätten.

Nun also Berlin, so ging es los: Die Maschinengeräte bewegten sich, ruckten an, kamen in Fahrt, sie wirkten mit jeder Minute autonomer. Greifarme, die aus Autokühlern ragten, Blechhauben, die empfindliche Sensoren verbargen, mit deren Hilfe die schweren Kettenfahrzeuge ein Hindernis erspürten und ihm auswichen, ein mächtig dröhnendes Hin und Her – und tatsächlich war es so, dass jeder Zuschauer, der, wie Pauline, nicht nach Sinn und Genese der Maschinenperformance fragte, sondern sich allein dem Eindruck ihrer momentanen Bewegungen überließ, meinte, in den vielen schwerfälligen Bewegungen ein System, eine körperähnliche Choreografie auszumachen.

Die Zerstörung kam diesmal nicht, wie in San Francisco, von Feuerwerfern, sondern aus der Luft. Hubschrauber, drei oder vier, ich erinnere mich nicht genau, erfüllten plötzlich rotierend und lärmend den Abendhimmel. Sie senkten schwere Eisenhaken auf die schwerfälligen Wesen herab, die da am Boden ihre Kreise zogen, hakten sich mühelos, von den langsamen Bewegungen am Boden kaum behindert, in sie ein und rissen sie aus ihrer kreisenden Choreografie heraus. Das wirkte angesichts des vorher erzeugten Anscheins von Beinahe-Vernunft und Lebendigkeit wie ein Gemetzel.

Die Maschinenleiber wurden, wie getötete Tiere, am Haken nach oben gezogen, hochgeschraubt und danach wieder auf die Erde gesenkt, wo sie, auf der Seite oder auf dem Rücken liegend, leer und zornig vor sich hin brummten, die Räder in der Luft.

Musik klang auf, besser klangähnlicher Lärm, Tongewitter, wie von aufeinander schlagendem oder gegeneinander reibendem Blech und Metall, knirschend, in vielfachem Hall verstärkt, als käme es direkt aus einem gewaltigen Fabrikgelände, über dem zahllose Lautsprecher hängen. Und wieder kam die Erinnerung an Lebendiges auf, es klang wie eine Klage: Maschinen-Requiem.

Was war das, fragte ich Pauline später, Totengesang der Maschinen? Ja, sagte er, was denn sonst?

Pauline, der so erfindungsreich darin ist, den Maschinen roboterhafte Funktionen, Bewegungsgespür, eine gewisse Funktionsintelligenz einzugeben, der mit seinen für wenige hundert Dollar zusammengeklaubten Konstruktionen in den USA den Wettlauf mit teuren industriellen Forschungsinstituten bestanden und sich ihnen oft überlegen gezeigt hatte, Pauline also, der praktisch und theoretisch ganz auf der Höhe der angesagten Robo-Motorik und Moto-Intelligenz ist, inszeniert, wenn er sich seinen Träumen und Alpträumen überlässt, nicht den kommenden Triumph, sondern den Untergang der Maschinen. Ihre Zeit ist abgelaufen. Die neue Logik der Technik erobert ganz andere Gebiete als die der Mechanik, der Bewegung und der Materie. Sie erobert Zeit und Raum und versucht, sie zu überspringen.

Die digitale Technologie soll ein Spiegelbild, ein Simulakrum, erzeugen, in dem ein neues Antlitz des Schöpfer-Menschen zu erkennen ist. Die alten Maschinen reproduzieren. Die digitalen Maschinen erschaffen.

Die Zeit der mechanischen und automatischen Maschinen, sagt Pauline, ist vorbei. Er, der sich um ihren Anblick und nicht um ihre Funktion kümmert, der sie respektiert, weil sie stärker sind als er, weiß eben aufgrund seines Respektes mehr als andere von ihrem Untergang. Vielleicht liebt er sie eben deshalb.

III.
Drei Frauen und die Not der Körperlichkeit. Zwei Ich-Konzepte, ein weibliches, ein männliches. Zweimal gescheitert

Es war derselbe Abend, eineinhalb Kilometer Luftlinie, Elisabethkirche; eine Kirchenruine, dachlos, von der nur die Außenmauern noch stehen, am Rande des Prenzlauer Berges. Dort fand, während Paulines Maschinen dröhnten, eine Frauenperformance statt. Die Künstlerinnen, Tänzerinnen, Bewegungsartistinnen nannten sich Moviement m3 (plus Band). Auch sie zelebrierten einen Untergang, auch mit melancholischen, verzweifelten Aspekten. Den Untergang des Körpers, genauer: des Körperempfindens. Des zuverlässigen Körperbewusstseins, der Ich-Körper-Einheit.

Während die Band auf allerlei elektronischen Gerätschaften kalte, glirrende Töne erzeugte, bewegten sich die drei Frauen vorsichtig umeinander, Berührungen suchend und scheuend, flohen auseinander, verharrten gebeugt oder geduckt am Rand, an den Mauern, in den Ecken des großen dachlosen Kirchenschiffes, verharrten lange und reglos und schienen mit dem verwitterten Gestein, dessen Brüchigkeit und Hinfälligkeit man im spätabendlichen Scheinwerferlicht erkennen konnte, zu verschmelzen. Das ist ein Bild, das schon in den 60er Jahren in der darstellenden Kunst Furore gemacht hatte: der weibliche Körper, sich vereinigend mit der Materie – aber dabei blieb es jetzt nicht. Die drei lösten sich langsam, mühsam aus der Verbindung zu Mauer, Mörtel, Dreck, versuchten die unsichtbaren kommunizierenden Fäden, die imaginär zwischen ihnen gezogen waren, wieder aufzunehmen, doch, in die Mitte des Kirchenschiffs zurück eilend, verfehlten sie einander.

Suchend und irritiert waren ihre Bewegungen, sie rannten aneinander vorbei, blicklos, immer heftiger, schneller, rabiater, der Kreis der Bewegungen erweiterte sich, aber die Ziellosigkeit blieb, und so kam es, dass die jungen Frauenkörper gegen die Wände, die Mauern, das bröselnde Geröll prallten, aufschlugen und dabei immer heftiger, ausgreifender, suchender in ihren Bewegungsabläufen wurden.

In diesem Tohuwabohu von Nicht-Erkennen, Nicht-Miteinander, schlugen sie also immer wieder gegen die Wand, und dann, sorgfältig choreografiert, vermute ich, und trotzdem mit einer existenziellen, einzigartigen, ungeplant erscheinenden Heftigkeit, wollten sie gar nicht mehr weg von der Wand, von dem einzigen Widerpart, der ihnen

Halt gab, nicht mehr weg von ihr, und so schlugen sie mit den Fäusten, den Rippen und Brüsten, dem Kopf gegen sie an, wieder und wieder (und dabei kam es nur auf die Einzigartigkeit dieses Augenblicks an und auf sonst nichts, denn solche Aktionen wiederholt man nicht oft), bis sie zuletzt, geschlagen und müde, an der Mauer zusammensanken.

Vielleicht ist es überinterpretiert, mag schon sein, vielleicht konstruiere ich voreilig Zusammenhänge zwischen diesen zwei Performances, die im Abstand von vielleicht eineinhalb Kilometern an einem Abend in einer Stadt stattfanden: Aber mir erschien es so, als würden in beiden alte Verlässlichkeiten aufgerufen und als würden sie zweimal versagen.

Ich glaube nicht, dass es zufällig Frauen waren, die das Scheitern körperlicher Erfahrung vorführten, mit den Mitteln des Körperausdrucks, bis an eine Grenze und einen Schritt darüber hinaus. Und ebenso wenig, denke ich, war es ein Zufall, dass Pauline und seine Männerfreunde, fast zeitgleich, das Ende der Maschinenkraft demonstrierten. Beide Performances waren zu kompakten Augenblicks-Erfahrungen zusammengeballt. Zwei Verabschiedungen, eine männliche, eine weibliche. Einmal von den Maschinen, einmal vom Körper.

Ich denke an ein Bild, das ich gar nicht gesehen, sondern mir vorgestellt habe, und zwar am Ende dieses seltsamen Abends in Berlin. Ich sah uns, die Zuschauer, bei Paulines Performance stehen, während die Maschinen im einfallenden Dunkel noch gegeneinander rasten. Wir, fast nur Männer, hatten auf eine seltsam sprachlose Weise Mitgefühl und Sympathie für sie. Irgendetwas, kaum Benennbares in unserer männlichen Psyche fühlte sich angerührt, und so standen wir da, verwehte und antagonistische Gestalten, ganz am Rande, und schauten sentimental ihrem Untergang zu.

Nachwort

Wer behält das letzte Wort?

Es treten auf: die erzürnte Leserin und der Autor, erschöpft und unglücklich. Erschöpft von langen Nächten am Computer, mit wund geröteteten Augen, die er sich jedes Mal, seit er den Kugelschreiber zur Seite gelegt und einen Power-PC erstanden hat, beim Schreiben eines Manuskriptes einhandelt. Und unglücklich, weil er schon ahnt, was auf ihn zukommt. Nämlich Gespräche wie dieses:

Leserin: Sagen Sie mal, Frauen können Sie nicht leiden, oder?

Autor, sehr unglücklich: Ich ... wieso? *(mit Empörung und Trotz)* Hören Sie mal, ich habe eine Frau und eine Tochter, eine ganz kleine. Ich *muss* Weiblichkeit lieben ... das ist irgendwie genetisch.

Leserin, abschätzig: Weiblichkeit. Schon das Wort! Sie haben überhaupt eine Vorliebe für prätentiöse Worte, wenn es um Frauen geht. Haben Sie das mal analysieren lassen? Sie sind doch Psychologe, oder?

Autor: Kinder-, Kinderpsychologe!

Leserin, fest: Sag ich ja. Der eine oder andere Kollege könnte Ihnen da sicher auf die Sprünge helfen. Weiblichkeit! Ich habe ja nicht mitgezählt, aber wissen Sie, wie oft dieses abstrakte Wortgebilde bei Ihnen vorkommt? Alle zwei Seiten. Warum sagen Sie nicht Frauen oder meinetwegen Weiber, wenn es schon sein muss ...

Autor, verschämt: Weiber klingt nicht schlecht. Außerdem meine ich – hören Sie doch mal zu, Sie fuchteln die ganze Zeit vor meiner Nase herum, dabei kann ich mich nicht konzentrieren –, außerdem meine ich mit »Weiblichkeit« etwas anderes als mit »Frauen«, das ist eine Frage der sprachlichen Genauigkeit und nicht der Psychologie.

Leserin: Das habe ich schon verstanden. Das ist es ja gerade! »Weiblichkeit«, wie Sie sagen, ist bei Ihnen eine Idee. Richtig? Mit Frauen, die einfach nur Frauen sind, geben Sie sich gar nicht erst ab. Sie *lieben Ideen*, ich habe Sie durchschaut.

Autor, Hoffnung schöpfend: Darum geht es ja auch in meinem Buch. Darum, dass die Ideen sich geschichtlich durchsetzen. Und nicht die Natur, nicht die Gefühle, nicht die Beziehungen. Darum geht es. Ob ich persönlich das gut finde oder nicht, ob ich darüber empört bin oder besorgt oder insgeheim beglückt ...

Leserin: Insgeheim beglückt, ich mache jede Wette.

Autor: ... darauf kommt es eben nicht an. Ich diagnostiziere. Ich sage nicht, was sein sollte. Sondern was ist! Soll ich gegen den Wind pusten? Der Wind bläst in Richtung Männlichkeit. Ich kann nichts dafür ...

Leserin triumphierend: Sie entschuldigen sich! Das haben Sie jetzt davon.

Autor, erschrocken: Wovon?

Leserin: Von Ihrer Originalität. Immer gegen den Zeitgeist, und dann bescheiden tun. Ich kenne solche Leute wie Sie, Männer. Ich war selber fünf Jahre ...

Autor, noch erschrockener: Wir wollen aber nicht über Beziehungen reden. Bitte ...! Frauen reden immer, aber ausschließlich, nur über ...

Leserin: Das haben Sie schon geschrieben. Ich habe es gelesen. Sie brauchen das nicht zu wiederholen. Sollte ich da vielleicht ein klitzekleines Klischee durchhören, ein winziges furchtsames, männliches Vorurteil?

Autor, selbstgefällig: Die Wirklichkeit richtet sich nun mal nach Klischees. Dafür kann ich doch nicht. *Sie* haben gerade von Ihrer Beziehung angefangen, nicht ich. Wenn ich Sie jetzt weiterreden lassse – ich kenne das! –, sind Sie die nächste halbe Stunde mit Ihrem Beziehungsdrama beschäftigt, und ich, der Autor, sitze an meinem Computer und schreibe und schreibe und werde nie fertig. Wo soll denn das hinführen …

Leserin, arrogant: Ach wie hübsch. Unser männlicher Autor spielt mit den Ebenen, Beschreibung und Metabeschreibung. Spekulieren Sie gar am Ende auf positive Rezensionen, ja? »Mit artifizieller Leichtigkeit gelingt es dem Autor, die Provokanz seiner Thesen zum Ende hin souverän zu ironisieren …« Damit kommen Sie bei mir nicht durch. In der Literatur, habe ich mir sagen lassen, sind Metaebenen out.

Autor, neidisch: Handke lebt ganz gut davon …

Leserin: Der ist auch fleißiger als Sie. Über Flipper einen Essay publizieren, wo es Flipper gar nicht mehr gibt. Das müssen Sie erst mal bringen. Sowas nenne ich Marketing …

Autor: Können wir zum Thema zurückkommen?

Leserin: Wenn Sie darauf bestehen.

Autor: Was ich sagen wollte: Ich diagnostiziere. Ich spekuliere natürlich auch ein bisschen, es geht ja um Zukunft. Eines der letzten Felder, auf denen die Empirie noch nicht das Sagen hat. Ich ziehe Linien zwischen Geschichte und Zukunft, zugegebenermaßen grobe. Von der Renaissance bis 2001 ist halt eine ganze Strecke. Aber ich bewerte nicht. Moralisierer kann ich eh´ nicht ausstehen, die riechen immer so verdächtig nach Denkverbot.

Leserin: Na gut, haken wir das mit der Moral gleich mal ab. Gegen die berufliche und soziale Gleichstellung der Frau haben Sie nichts!

Autor: Ne – warum sollte ich?

Leserin: Ich will es nur geklärt haben. Sie diagnostizieren also. *Was* diagnostizieren Sie?

Autor, verlegen beginnend, als sei ihm irgendetwas peinlich, dann aber in Fahrt kommend: Fangen wir mal mit der Renaissance an, 15. Jahrhundert. Columbus, die Erfindung des Buchdrucks, naturwissenschaftliche Empirie und handwerkliche Solidität, sogar in der Kunst, Dürer … Damit fängt es an. Die Vermessung der Welt und die Entthronung der Metaphysik. Der Glaube wird rhetorisch. Er hat keine Kraft mehr. Der Protestantismus macht aus der Rhetorik eine Tugend. Und erfindet zu dem wirklich großen Männer-Gedanken der Renaissance, dem »Uomo Universale«, dem die Welt erkundenden, die Welt umfassenden Mann, das schlechte Gewissen hinzu. Das prinzipiell schlechte Gewissen! Paulus. Du kannst machen, was du willst, es ist immer schlecht und sündig. Das Komische ist: Beide Zeitströmungen passen hervorragend zusammen. Erst abenteuert und kolonialisiert der Mann herum, tötet und brandschatzt, immer mithilfe der neuen Vermessungsgeräte, des Kompasses, der Schießgewehre und Kanonen, und dann fällt er auf die Knie und sagt: Wir sind allzumal Sünder. Er fühlt sich wohl in seiner Universalität und logisch-empirischen Genauigkeit und hat abends vor dem Zu-Bett-Gehen ein schlechtes Gewissen. Da kündigt sich schon der Spießer an. Dem wird jetzt der wirtschaftliche Boden bereitet. Der Handel blüht auf. Rohstoffe und Schätze werden in Massen in den Hafenstädten eingeschifft. Und die braven Handwerker wachen zuhause über die Moral der Töchter und die Herstellung von solidem Schuhzeug. Die Welt ist in Ordnung.

Leserin, wider Willen beeindruckt: Die Urform des europäischen Mannes!

Autor: Sozusagen. Das Barock lassen wir mal weg …

Leserin, wieder leicht ironisch: … mal eben so …

Autor, den nichts mehr aufhalten kann: … und kommen direkt zur Aufklärung. Da geht es nämlich konsequent so weiter. Die Hypotrophie des männlichen Geistes wird immer systematischer, auf jeden Fall in der Philosophie. Das selbstverantwortliche und autonome Subjekt, der auf sich selber gestellte Mensch wird sozusagen Allgemeingut.

Mit seiner Autonomie – in der Renaissance viel mächtiger, aber auch exklusiver gedacht – ist es allerdings nicht weit her. Die bürgerlichen Verhältnisse haben sich etabliert und zwingen dem einzelnen Menschen einen dicken Batzen

Anpassung auf. Das »man« – der Kleinbürger – betritt endgültig die Szene und beansprucht gleich einen vorderen Platz. Das »man« ist großmäulig und geltungssüchtig, daran hat sich bis heute nichts geändert. Dabei ist es insgeheim feige. Es bezeichnet eben nicht, trotz des Gleichlautes – der im Englischen ja noch auffälliger ist: »Man« gleich Mann *und* Mensch – den »freien Mann«. Sondern einen geduckten, opportunistischen. »Man« muss sich nach der Decke strecken.

Der Protestantismus hat das schlechte Gewissen in die Köpfe eingesenkt, zugleich verkümmern Handwerker-Moral und Handwerker-Stolz zur Arbeitsmoral. Fleiß und Tugend gelten bald mehr als handwerkliche Kunstfertigkeit. Arbeitsam und ehrlich soll der Mann jetzt sein. Das sind in Wahrheit schon relativ ungenaue Kategorien. Die Männertugenden werden immer abstrakter. Warum? Zug um Zug setzt sich der Zwang des Funktionierens innerhalb der Massenproduktion durch. Der Mann muss funktionieren, wie eine Maschine. Sein Schöpfertum ist nicht mehr gefragt. Die Produktion und *Geld*schöpfung muss laufen. Dagegen verliert die Wertschätzung der konkreten einzelnen Dinge, des gestalteten Produktes, der Schönheit an Bedeutung.

So, und nun passiert es: Je verdruckster und unterwürfiger das »Man« wird, desto höher steigt der Mann als Bürger und Individuum in der Philosophie auf. In der Wirklichkeit vereinzelt er mit seiner Familie und muss sehen, wie er im immer unübersehbareren Marktgeschehen zurecht kommt, in der Philosophie avanciert er zum Teil eines umfassenden männlichen Weltplanes. Der abstrakte, totale Geist vervollkommnet sich auf den Kathedern der Universitäten und sagt den Menschen, sprich: den Männern, was »Sache« ist, was Wirklichkeit wirklich ist, was Staat ist, was Vernunft, was Sinnlichkeit. Nicht der Mann ist universal, wie es die Renaissance erträumte, sondern der philosophische Geist. Und so …

Leserin: Was ist mit den Frauen..?

Autor: … die kleinbürgerlichen sitzen in der Küche, oder sie stehen auf dem Markt, sie verkaufen die Dinge, die der Mann in seiner Handwerkerstube zusammengebastelt hat, oder sie verkaufen sich selber. Die anderen sind in der Fabrik. Wenige sitzen bei Frau von Stein oder Hegels bescheiden in der Runde der Räsonneure und hören zu und denken sich ihr Teil, wie man aus den wenigen Zeugnissen von Frauen des 18. und 19. Jahrhunderts erfahren kann. Und ganz wenige unterstützen ihre Männer bei der Intrige am Hof und bringen dabei ganz spezielle weibliche Eigenschaften zur Geltung …

Leserin, ärgerlich: Sie sollen das doch nicht …

Autor, bereitwillig: Entschuldigung.

Leserin: Sie sagen also, die Idee vom philosophischen Geist dient den Männern als Entschuldigung …

Autor: Als Ausflucht, ja, für die abstrakten Verhältnisse und Märkte, in die sie hineingestellt sind. Aber es ist zugleich ein großer, männlicher Traum.

Leserin: …männlicher…?

Autor: Einen anderen gab es in der maßgebenden Philosophie und Wissenschaft nun mal nicht, in den populären Medien des Bürgertums, in der Romanliteratur und der Musik übrigens auch nicht …

Leserin: Clara Schumann und …

Autor: Zählen Sie nicht zu schnell, sie sind sonst gleich wieder am Ende. Nein, eine autonome weibliche Kultur hat es nach den Beginen – den Mystikerinnen und Dichterinnen des 12. und 13. Jahrhunderts – nicht mehr gegeben. Das ist eben so. Aber weiter. Der männliche Geist: Er will herrschen. Er will sogar viel mehr. Er will das Innerste, die Wahrheit der Dinge sein. »Die Substanz«, wie Hegel sagt. Alles andere ist bei ihm nur »Akzidenz«: Zutat, Ergänzung, Schein. Wenn ich noch einmal für einen Augenblick spekulieren darf: Der männliche Geist will »gerechtfertigt« sein. Um die Bürde der Ursünde oder, protestantisch, des »ewig schlechten Gewissens« abzustreifen, *muss er selber Schöpfer sein*. Wenn Nietzsches »toller Mensch« über den Argos rennt und wahnsinnig schreit: »Gott ist tot. Wir haben ihn getötet«, dann müsste er eigentlich schreien: Wir haben ihn *ersetzt*. Klingt natürlich nicht so gut. *Durch uns selber* ersetzt! Damit ist in der geistigen Geschichte ein Schlussstrich gezogen. Jetzt geht es immer mehr um das perfekte Funktionieren. Um die Vervollkommnung der Ersetzung der weltlichen, körperlichen und naturhaften Dinge durch Geist, Mathematik, Physik, Informatik. Die Maschinen sind bei diesem Experiment die treuesten Begleiter und die wichtigsten Helfer des Mannes. Und der einzelne Mann wird immer mehr zu Massen zusammengezogen, zum Arbeiter, Soldaten, Kaufmann.

Leserin: Ich bin vielleicht ein wenig starrköpfig, aber: die Frauen ...!?

Autor: Wo die Maschinen in den Vordergrund treten, verlieren die Frauen an Bedeutung. Sogar an sozialen Rechten. Ich weiß nicht, ob dieser Zusammenhang jemals systematisch untersucht worden ist.

Leserin: Der Zusammenhang leuchtet mir ein. Die Begründung nicht ganz. Sie sagen, die Maschinen ...

Autor, hastig: ... zwingen der männlichen Kultur in den europäischen Gesellschaften ihren Charakter auf. Mechanisch, gleichförmig, selbstsüchtig, körperfremd. Keiner hat das so grotesk und komisch gezeigt wie Chaplin.

Leserin, besserwisserisch: Selbstsüchtig? Maschinen haben kein Selbst.

Autor: Na gut, also nicht selbstsüchtig. Aber Disziplin erzwingend. Formale, leere, tote Disziplin. Und mit diesem Charakter der Realitätsprägung schaffen die Maschinen die großen Massen von Arbeitern, die Heere von Soldaten. Die Männerkultur wird gehorsam, in ihrer kleinbürgerlichen Fassung feige und gierig. Das reibt sich alles gehörig mit dem Geist der Renaissance, dem der Aufklärung, sogar den Gedanken des Protestantismus, und erst recht mit der übergreifenden Idee des freien Geistes. Ich glaube, viele Männer in diesen Generationen hatten das Gefühl, ihrem eigenen Geschlecht entfremdet zu sein.

Leserin: Aber Sie zitieren auch bewundernd den Pariser Traum von Baudelaire. Sein Traum ist ein Maschinentraum.

Autor: Ja, entsetzlich und schön. Das ist es ja. Das ist die andere Seite. Mit der Telegrafie und dem Kino, den Bild- und Kommunikationsmaschinen und in bestimmter Weise sogar mit den industriellen Artefakten tritt eine Ästhetik auf, die überwältigend ist. Sie prägt, bestimmt teilweise die Sinne, die Träume, die Ideale vom richtigen Leben. Deswegen sage ich: Wenn wir nur die Philosophen der Vernunft und des Staates zu Rate ziehen, dann bekommen wir die Motive für das Eigenmächtige der Maschinenästhetik nicht in den Griff. Deswegen ziehe ich Schopenhauer zu Rate und Freud natürlich, ich habe das ja relativ ausführlich referiert.

Leserin: Sehr ausführlich! Das ganze Kapitel über Philosophie und Männlichkeit, wenn ich mal so sagen darf, ist etwas mühselig.

Autor, unwirsch: Ein wenig Bildung schadet nicht. Aber schauen Sie, wir sind jetzt an einem entscheidenden Punkt. Um diese weichen Themen, das Ästhetische, das Eindrückliche, das Sinnliche zu verstehen, benötigen wir Köpfe wie Schopenhauer und Nietzsche und die Vertreter des Ästhetizismus der Jahrhundertwende und eben Freud und …

Leserin, betrübt: Könnte nicht wenigstens in diesem Zusammenhang eine einzige Frau auftauchen?

Autor, schon wieder unwirsch: Wenn es doch keine gibt! *zögert*: Natürlich, ich hätte Lou Andreas-Salome anführen können. Melanie Klein eigentlich auch. Und Anna Freud selbstverständlich. Helene Deutsch möglicherweise. Auf jeden Fall Virginia Woolf, sehr gut sogar …

Leserin: Siehste.

Autor: Na, jetzt ist es zu spät. Wir befinden uns im letzten Kapitel. Da hätten Sie halt früher aufpassen müssen.

Leserin: Wie denn? Ich bin doch nur die Leserin.

Autor: Na und? Sie lenken schon wieder ab. Der Gedanke ist dieser: Die Maschinen sind es, die den männlichen Traum erzeugt und unterdrückt haben und nun wieder hervorrufen. Der Mann will die Welt erschaffen. Das ist das eine. Ich habe gezeigt, wie sich das philosophisch im Idealismus darstellt. Er erschafft die Welt mithilfe der Maschinen, vielleicht nicht die Welt, aber die Gesellschaft. Und dann – dann ist der Schöpfertraum vorbei und endet für viele im Elend, für alle im Gehorsam und im Marschtritt der Arbeitssirenen und Heeresbefehle. Nur die Idee ist noch da. Und sie ist kräftig. Sie stirbt nicht, obwohl so viele einzelne Menschen daran gestorben sind. Der Mann will mehr, viel mehr. Will raus aus der selbstgeschaffenen Welt, weg vom Geformten, Normverhafteten, Produktiven. Weg vom Tätigen, Mühseligen und Beladenen. Er will, was heimlich im Schöpfergedanken anklang, er will Vollkommenheit. Der Traum des Ikarus! Vollkommenheit gibt es nicht, wo es Dinge und Menschen, Subjekte und Objekte, gegeneinander Gestelltes und Geteiltes gibt. Vollkommenheit gibt es im Licht. In der Substanz des Lichts, der Sonne. Sie verstehen: mitten in ihr. Reines Dasein. Natürlich ist das gleichzeitig ein Traum der Todesverfallenheit.

Leserin, schlicht: Klingt für mich nach Sex. Aber deftigem.

Autor: Können Sie nicht mal an was anderes denken? Stimmt natürlich – Lara Croft, Kyoto Date, die Cyber-Girls zum Anklicken, aber nicht Anfassen – das sind erotische Lichtfiguren. Das ist der männliche Traum. Eben der und nichts anderes ist die Folie für die digitalen Medien, die Simulationen, die interaktiven Bilder. Die ganze Computerei, behaupte ich, ist männlicher Perfektionswahn. Vollkommenheitswahn, der mit der schmutzigen Industrieproduktion aufräumen will. Der männliche Geist hat von sich selber die Nase voll und tritt eine ungeheure Offensive an. Und egal, ob er seine – wie sagt man? – Vision jemals verwirklicht oder ob wir uns alle zur Jahrtausendwende in einer Art kollektivem Wahnwitz befinden, ganz egal, so wird in unserer Kultur eben jetzt Zukunft gedacht, und dieser Vorgang ist heftiger und realitätserzeugender und hat mehr Schubkraft als irgendeine andere Art der menschlichen Produktivität. Und weil das so ist, sage ich: Das kommende Jahrhundert wird …

Leserin: Schon gut. Und warum, bitte, ist das ein Männer- und kein Frauentraum, oder ein androgyner Traum, wofür ja auch einiges spräche?

Autor, apodiktisch: Frauen träumen anders...

Leserin: Wirklich?

Autor, weniger apodiktisch: – im Großen und Ganzen.

Leserin: Im Großen und Ganzen ist nicht sehr präzise.

Autor: Nun gut, Sie behalten das letzte Wort.

Literatur

Vorarbeiten zu diesem Buch finden sich in »Computerkids«, erschienen 1995. Die tiefenpsychologischen Überlegungen – besonders im 1. Kapitel – sind ausführlich mit anderen Schwerpunkten in meinem Buch »Abschied vom Gewissen. Die Seele in der digitalen Welt«, erschienen im Herbst 1999, dargestellt worden.

Michael Balint. Angstlust und Regression. Stuttgart 1965
Bert Beyers. Die Zukunftsmacher. Frankfurt 1999
Michael Dertouzos. What will be. Heidelberg-New York 1999
Stephen J. Gould. Der Jahrtausend-Zahlenzauber. Durch die Scheinwelt der numerischen Ordnungen. Frankfurt 1988
John Hormann. Future Work. Wiesbaden 1998
Werner Jung. Von der Mimesis zur Simulation. Hamburg 1995